加油吧数学

① 数与代数

姚　峰　辛向东　主编

郭思彤　绘

北京科学技术出版社
100层童书馆

丛书编委会

顾 问
熊保林（数学博士、北京大学附属中学高级教师）

主 编
姚峰 辛向东（北京可持续发展教育协会互联网＋跨学科专业委员会）

编 写
陈素琴 罗明 李博 王宇 马蕴杰 潘晶 宋禹迪 杨胜男

绘 图
郭思彤

图书在版编目（CIP）数据

加油吧数学. 数与代数 / 姚峰, 辛向东主编 ; 郭思彤绘. — 北京 : 北京科学技术出版社, 2024.3

ISBN 978-7-5714-3235-5

Ⅰ. ①加… Ⅱ. ①姚… ②辛… ③郭… Ⅲ. ①小学数学课—教学参考资料 Ⅳ. ①G624.503

中国国家版本馆CIP数据核字(2023)第176596号

策划编辑： 黄 莺
责任编辑： 郑宇芳
封面设计： 沈学成
图文制作： 旅教文化
营销编辑： 赵倩倩
责任印制： 吕 越
出 版 人： 曾庆宇
出版发行： 北京科学技术出版社
社 址： 北京西直门南大街 16 号
邮政编码： 100035
电 话： 0086-10-66135495（总编室）
0086-10-66113227（发行部）
网 址： www.bkydw.cn
印 刷： 北京博海升彩色印刷有限公司
开 本： 710 mm × 1000 mm 1/16
字 数： 90 千字
印 张： 3.75
版 次： 2024 年 3 月第 1 版
印 次： 2024 年 3 月第 1 次印刷
ISBN 978-7-5714-3235-5

定 价： 200.00 元（全 7 册）

我是**精灵爷爷**。
我有办法让数学学习变简单。

我是**庞庞精灵**。
我擅长数学计算。

我是**皮皮精灵**。
我最喜欢帮助大家，虽然有时会帮倒忙。

我是**罗辑**。
我喜欢数学。

我是**思薇**。
我热爱思考。

我是**字母老师**。
我是罗辑和思薇的老师。

我是**推理大师**。
我喜欢玩数学游戏。

目　录

1

龙龙精灵，先别着急进园啊，我们还没买门票呢！
得先算下，大家的门票一共需要多少钱。
成人票每张 5 元，儿童票和学生票半价……哎呀，太复杂了，我算不过来了！
售票处
龙龙精灵的一句话里就包含了自然数、小数和分数，这些是我们生活中常见的数。

第一章
认识数

游乐园里热闹非凡，游戏项目也很多，有幸运大转盘、过山车、旋转木马……

啊，太可惜了！

那边是什么项目啊？

走，去看看。

10元一次

幸运大转盘

游戏规则

1. 顺时针转动转盘。
2. 转盘停止时，以指针对准的数字为起点，逆时针转动转盘，转动和这个数字相等的格数。
3. 指针最终指向的数字是单数，可获得一等奖，数字是双数可获得二等奖。

奖品

一等奖：齐天大圣积木一套
二等奖：卡通铅笔一盒

幸运大转盘

哇！一等奖是齐天大圣积木，我要试试！

且慢！这个转盘游戏利用数字耍了个小花招……

转盘上一共有 10 个数字，其中 1、3、5、7、9 是奇数，2、4、6、8、10 是偶数。

"这个游戏很简单，奇数和偶数各占一半。所以即使随手一转，也有一半的机会可以得一等奖。"罗辑信心满满地说。

数学加油站

奇数和偶数

生活中常见的 0、1、2、3、4、5……这些可以用来表示物体个数的数字是自然数。这些数和负整数合称整数。整数中能被 2 整除的数是偶数，不能被 2 整除的数是奇数。游戏规则里提到的单数是奇数，双数则是偶数。

一等奖归我啦！

罗辑思索了片刻，果断地掏出了钱，跑向转盘。1、2、3，转！他用力转动转盘，指针在转盘上的数字间飞速移动。围观的人都紧紧地盯着转盘，等着它停下来。

转盘停下后，指针指向了数字 3。"哈哈！齐天大圣积木是我的啦！"罗辑欢呼道。

可思薇并没有跟着罗辑一起欢呼。她指了指转盘旁边的游戏规则，说："你还是看看游戏规则的后两条吧。"

10 元一次

幸运大转盘

游戏规则

1. 顺时针转动转盘。
2. 转盘停止时，以指针对准的数字为起点，逆时针转动转盘，转动和这个数字相等的格数。
3. 指针最终指向的数字是单数，可获得一等奖，数字是双数可获得二等奖。

奖品

一等奖：齐天大圣积木一套
二等奖：卡通铅笔一盒

这个规则也太奇怪了。

"还要转啊，我已经糊涂了。"龙龙精灵摇起了头。

精灵爷爷说："现在指针对准的数字是 3。按照游戏规则，还要以 3 为起点，再逆时针转动转盘 3 个格，只有指针最终指向的数字是单数，也就是奇数，你才可获得一等奖。"

"我刚才转到的数字是 3，"罗辑想了想，"再逆时针转动转盘 3 个格，指针指向的数字是 6。"

6 是偶数。罗辑只获得

了二等奖。看着心仪的齐天大圣积木，他有些不甘心。"我要再试一次！"罗辑说完，又摩拳擦掌地来到转盘旁。

这次指针指向了 4，按照要求，罗辑逆时针转了 4 个格，最终指针指向了 8，又是偶数！罗辑垂头丧气地领了第二盒铅笔。"这是为什么呢？从转盘的盘面上看，明明一等奖和二等奖的获奖概率是一样的。可我玩了两次都只得了二等奖。"罗辑非常不解。

也许是罗辑今天的运气不佳，思薇打算帮帮他。这时，精灵爷爷拦住了她。"你们已经掉进这个游戏打造的数字陷阱里了。"精灵爷爷说，"无论玩多少次，无论换谁来玩，在这个游戏规则之下，都不可能得到一等奖。"思薇和罗辑一头雾水，这是怎么回事呢？

其实，规则里的"转盘停止时，以指针对准的数字为起点，逆时针转动转盘，转动和这个数字相等的格数"，就是问题的关键所在。

罗辑第一次转到了 3，再逆时针转动转盘 3 格，结果如下：

$$3 + 3 = 6$$
奇数 + 奇数 = 偶数

罗辑第二次转到了 4，再逆时针转动转盘 4 格，结果如下：

$$4 + 4 = 8$$
偶数 + 偶数 = 偶数

精灵爷爷提议大家任意选一个数字算一算。

龙龙精灵选择数字 5："如果转到 5，再逆时针转 5 格，5 加 5 得到的数字就是 10，是偶数。"

"我选个大一点儿的数字，"皮皮精灵也算了起来，"8！如果转到 8，再将转盘逆时针转 8 个格，指针指向数字 6，也是偶数。"

两个数相加，只有奇数加偶数的和才会是奇数。

"原来是这样啊！"罗辑和思薇恍然大悟。在这个游戏中，不管转到哪个数字，都只有"奇数 + 奇数"和"偶数 + 偶数"这两种情况。指针最终都不可能指向奇数，玩家根本不可能获得一等奖。

"转盘游戏的老板正是利用和的奇偶性，精心设计了这个骗局。"精灵爷爷语重心长地说，"别忘了，只有奇数加偶数，和才是奇数。"

站住，骗子！

哈哈！

拆穿了转盘里的奇、偶数骗局后，罗辑和思薇一行人继续在游乐园里玩。很多项目（比如过山车、碰碰车和旋转木马）的前面，都排起了长长的队。罗辑和思薇看着乌泱泱的人，叹了口气。

精灵爷爷提出了一个挑战："我来考考你们。旋转木马的排队人数是30以内最大的质数。过山车的排队人数比旋转木马的少12。这两个队伍的人数和碰碰车的排队人数之和是个大于60的两位数质数，这个两位数的个位数和十位数加起来是11，而且这个两位数还是个质数。如果你俩能算出这三个队伍的总人数，我就帮你们快速入园。"

数学加油站

因数和倍数

因数和倍数是一对形影不离的好朋友，任何一方都不能单独存在。比如，2×3=6，6就是2和3的倍数，2和3就是6的因数。单独出现的2或3都不能叫因数，单独出现的6也不能叫倍数。

"精灵爷爷说，旋转木马的排队人数是30以内最大质数，可以确定这个数是29。"皮皮精灵说道，"过山车的排队人数比旋转木马的少12，那就是17。""我们再来看一下100以内大于60的两位数质数有哪些？"思薇补充道。

61、67、71、73、79、83、89、97，这些都是符合条件的数。但只有83的个位数和十位数相加等于11。

"哈哈，算出来了。过山车、碰碰车和旋转木马排队人数分别是17、37、29。这三个项目排队的总人数是83。"小家伙们开心极了。

原来是这样！比如 1×2=2，那么 1 和 2 就是 2 的因数。而 2 的因数只有 1 和 2，所以 2 是质数。6 就不一样，它的因数有 1、2、3、6，所以 6 是合数。

答对了！

两个自然数相乘，得到一个乘积。那么对这个乘积来说，这两个自然数就是它的因数了。它也是这两个自然数的倍数。

等一下，因数又是什么数呢？

在大于 1 的自然数中，只有 1 和它本身这两个因数的数，就是质数。除了 1 和它本身之外，还有别的因数的数，就是合数。

质数是什么啊？

要注意，我们只能在 0 除外的自然数内研究因数和倍数。1 只有它自身这一个因数，所以 1 既不是质数，也不是合数。

精灵爷爷拿出买好的 VIP 卡，带着大家向排队人数最少的项目——过山车冲了过去。

罗辑和思薇都很期待玩过山车，但他俩在售票处被工作人员拦了下来："请先仔细阅读过山车乘客须知。"

过山车乘客须知

1. 乘客使用该设备时，须听从工作人员指挥，确定系好安全带。
2. 乘坐过程中双手始终握住扶手。
3. 身高不足 1.4 米的儿童禁止乘坐。
4. 老弱病残、行动不便者禁止乘坐。

在工作人员的带领下，思薇和罗辑先后去旁边的身高尺测量身高。思薇的身高超过了 130 厘米。仔细看，在 130 和 140 两个刻度之间有 10 个小格，思薇的头顶遮住了其中的 6 个小格，她的身高就是 136 厘米。"思薇的身高达到 1.4 米了吗？她能坐过山车吗？"皮皮精灵问道。

"要想比较两个数的大小，需要先统一它们的单位。"精灵爷爷回答。

> 100 厘米 =10 分米 =1 米
>
> 136 厘米 =13.6 分米 =1.36 米 < 1.4 米

所以，思薇的身高是 1.36 米。很可惜，她不能乘坐过山车了。

轮到罗辑测量身高了。皮皮精灵抢先说道："罗辑的身高是 14.2 米。""是 1.42 米！"罗辑被马虎的皮皮精灵气得哭笑不得，"小数点的位置太重要了，如果我身高 14.2 米，我就成巨人了！"

1.4 是小数，读小数时，整数部分按照整数的读法，"."读作"点"，小数点后面的部分从左到右读出每个位置上的数字就可以了。从皮皮精灵犯的错误上可以看出，小数点位置的移动，会引起小数大小的变化。小数点往后挪 1 位、2 位……数字就会变大 10 倍、100 倍……相反，小数点往前挪 1 位、2 位……数字就缩小到原来的 $\frac{1}{10}$、$\frac{1}{100}$……

生活中的数

实践目的：

观察生活中的数，区分和对比整数及小数。

实践步骤：

1. 测量并记录表格中物品的长度。
2. 调查并记录表格中物品的价格。
3. 另选两件生活物品，记录它们的长度和价格。
4. 比较物品的长度和价格。

你来试试：

物品	长度（厘米）	价格（元）	数的分类
铅笔			
橡皮			
语文书			

我的发现：

我的总结：

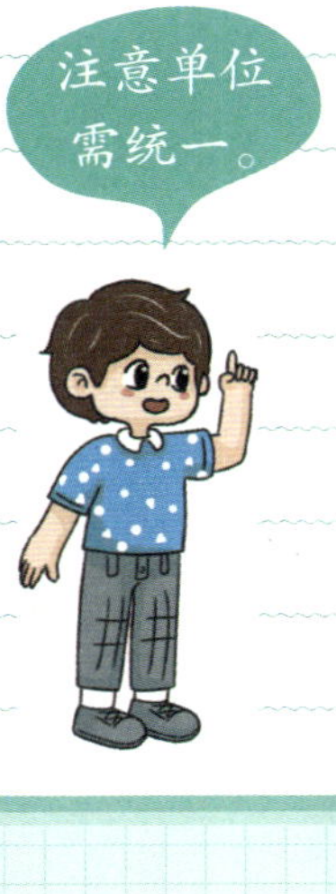

数的家族里有这样一群成员，来认识它们吧。

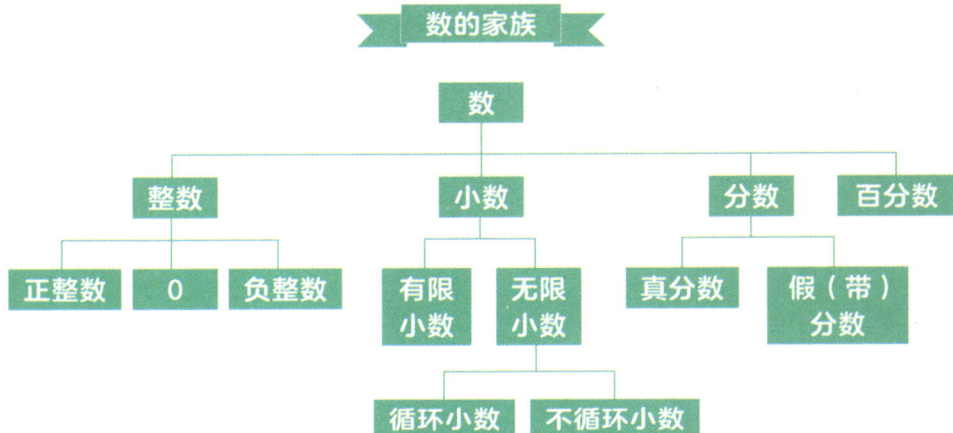

数的家族

```
                           数
          ┌────────────────┼──────────────┬──────────┐
        整数              小数           分数      百分数
    ┌─────┼─────┐      ┌────┴────┐    ┌────┴─────┐
  正整数  0  负整数   有限      无限   真分数   假（带）
                     小数      小数            分数
                            ┌────┴────┐
                         循环小数  不循环小数
```

在整数家族中，正整数和 0 又组成了小家族，叫**自然数**。小数、分数、百分数几个家族关系也很好，好到什么程度呢？举个例子，你如果找不到小数，就去问问分数或者百分数，它们准知道！因为它们三个可以互相转化。

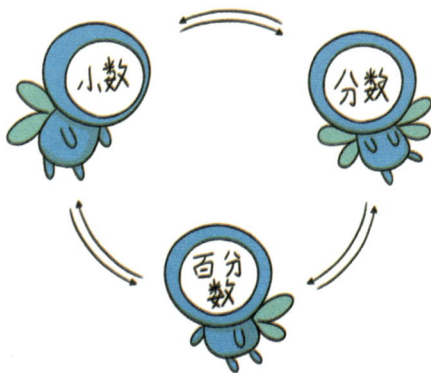

分数→小数	用分子除以分母。
小数→百分数	小数点向右移 2 位，加 "%"。
百分数→分数	将百分数改成分数形式再约分。
分数→百分数	先将分数转化成小数，再将小数点向右移 2 位，加 "%"。
百分数→小数	去掉 "%"，将小数点向左移 2 位。
小数→分数	小数点后有几位小数，就在 1 后面添几个 0，将它写成分母；小数去掉小数点，将它写成分子，然后约分。

趣味数学练一练

从罗辑家到游乐园的距离是 1.4 千米。早上，罗辑从家出发去游乐园与大家汇合。他走了 0.2 千米时，发现忘记拿答应给思薇带的笔记本了。于是，他返回家去拿。当他走到游乐园时，一共走了多少千米呢？

答：罗辑一共走了 1.8 千米。

第二章
计算与速算

在游乐园里玩了大半天，所有人都累了。大家决定找一家甜品店歇一歇脚……

精灵爷爷、龙龙精灵和皮皮精灵，3 个精灵，再加上罗辑和思薇 2 个人，一共是……"我知道，用加法就可以算出来了，3 个加 2 个是 5 个。"龙龙精灵说道。

　　"那如果是罗辑和思薇 2 个人，再加上我们 3 个精灵呢？"皮皮精灵好奇地问。

　　"在加法中，交换加数的位置，和是不会变的。"精灵爷爷说，"这就是加法交换律。"

　　精灵爷爷不想吃东西。于是，需要买东西的人和精灵变成了多少呢？"我知道！可以用减法，5 个减去 1 个是 4 个。"龙龙精灵说。

　　精灵爷爷道："被减数和减数不能交换位置。你算算，两个数交换位置后差就不一样了。"

$$5-1=4$$

$$1-5=?$$

减法有交换律吗？

减法可没有交换律，1 减 5 的差是负 4 了。

加法交换律	两个数相加，交换两个加数的位置，和不变。
加法结合律	三个数相加，先把前两个数相加或者先把后两个数相加，再加另外的数，和不变。
减法运算性质	一个数减去再加上同一个数，这个数不变； 一个数减去两个数，等于这个数减去这两个数的和； 一个数减去两个数的差，等于这个数减去两个数里的被减数再加上减数。
乘法交换律	两个数相乘，交换因数位置，积不变。
乘法结合律	三个数相乘，其中任意两个数先相乘，再和其余数相乘，积不变。
乘法分配律	两数的和与一个数相乘，等于两个加数分别与那个数相乘，再把积相加。
除法运算性质	一个数除以两个数（不为 0），除数可以交换顺序，商不变； 一个数除以两个数，等于被除数除以两个除数的积； 除数和被除数同时乘以或除以一个数（不为 0），商不变； 除数和商可以互换位置，等式始终成立。

　　大家找到一张空桌子坐了下来。服务员适时地送上了菜单。

　　罗辑先问了一下大家都要什么。除了精灵爷爷，每个人要 1 杯果汁和 1 块蛋糕。"买这些东西，要花多少钱呢？"皮皮精灵问道。思薇看了下价格表说："刚才我们用了加法和减法来计算人数。当多个同样的数相加的时候，可以试试乘法。"

$$8+8+8+8=8×4=32（元）$$
$$20+20+20+20=20×4=80（元）$$

罗辑算了一下，这样买果汁和蛋糕的话，共需要 112 元。他看了看钱包，果然钱不够了。精灵爷爷翻了翻菜单说："孩子们，这里有优惠套餐。算一算利用优惠套餐后，我们能不能买到想要的东西。"

店家设计了两种套餐，接下来要做的是算一算大家要买 4 杯果汁和 4 块蛋糕，选哪个套餐最划算。

选套餐一的话，果汁买 2 送 1，也就是花 2 杯的价格能够得到 3 杯果汁。

$$8×2=16（元） \quad 3 杯果汁$$

这样，还需要再买一杯果汁。

$$16+8=24（元）$$

蛋糕买 1 送 1，也就是花 1 块蛋糕的价钱，能得到 2 块蛋糕。那么，买 4 块蛋糕，只需要付 2 块蛋糕的钱就可以了。

$$20×2=40（元）$$

最后，把购买果汁和蛋糕的钱相加，就能算出一共要花多少钱。

$$24+40=64（元）$$

套餐二已经搭配好了果汁和蛋糕，选这个套餐会不会更便宜呢？思薇算了起来。

我们每人都要 1 份套餐，一共 4 份，用乘法一算就知道需要多少钱了。

蛋糕，等着我！

$$24 \times 4 = 96 \text{（元）}$$

想要 4 个人都能吃上蛋糕，喝上果汁，选套餐二比选套餐一购买贵 32 元。看来还是套餐一更省钱。

蛋糕和果汁真香甜啊！大家凭借优秀的计算能力，花小价钱办大事，度过了一段快乐的下午茶时光。

因为是罗辑先垫付的钱，吃完东西后，精灵爷爷提议大家 AA 制，"什么是 AA 制？"皮皮精灵问。

"AA 制指参与消费的人平均分担所有费用，"精灵爷爷解释道，"也就是我们要把刚才买果汁和蛋糕的钱，除以人数，算出平均每个人花了多少钱。把自己花的钱还给罗辑。"

4 人一共花了 64 元，每人花了 16 元。

$$64 \div 4 = 16 \text{（元）}$$

对啦，算式中只有加减或是乘除的时候，从左到右按顺序计算。算式中有加减乘除四则混合运算，就要先算乘除后算加减。有括号的时候一定要记得先算括号里的数呦。

"+" "−" "×" "÷" 是基本的运算符号。把多个数合并成一个数用加法。从一个数中减去一个数，就用减法。多个相同的加数相加求和，可以用乘法。知道两个因数的积和其中一个因数，求另一个因数，用除法。

休息完毕，大家又在游乐园里畅快地玩了起来。天色在大家的欢声笑语中渐渐暗了下去。"咕噜噜——"罗辑和思薇的肚子都叫了起来。"附近有家比萨店不错，我们去吃比萨吧。"精灵爷爷建议道。"可是……"大家看了看自己干瘪的钱包，不知道该怎么办。"我请客！"精灵爷爷爽快地说。

　　在等待上餐的过程中，罗辑饿得直说自己能吃下一整张比萨。可当比萨端上来的时候，他就再也说不出这种话了。那么大一张比萨，谁能独自吃完一整张啊？

　　"把整张比萨分成 4 份，我们每人吃 $\frac{1}{4}$，怎么样啊？"罗辑建议。"一个比萨的 $\frac{1}{4}$，这是什么意思？"皮皮精灵不解地问。"你看，如果我们把这张比萨切成同样大小的 4 份，每一份就是这张比萨的 $\frac{1}{4}$。这里的 1 是分子，4 是分母。"思薇解释说。

"什么？我们有 5 个人呢！还有一个人分不到比萨了呀。"皮皮精灵抗议道。"你和龙龙精灵吃一份呗。"罗辑坏笑着说。想象了一下自己和对方吃同一块比萨的画面，皮皮精灵和龙龙精灵同时一激灵，异口同声地抗议："我才不要和他一起吃！"

"要不我们把比萨平均分成 8 份吧。"思薇接着说，"每一份就是其中的 $\frac{1}{8}$。"

"把同样大小的两张比萨切分，一张平均分成 8 份，另一张平均分成 4 份，两张比萨各取其中 1 份，切分成 8 份那块比萨比切分成 4 份的小，所以，$\frac{1}{8} < \frac{1}{4}$。"擅长计算的龙龙精灵说道，"可是当我们看不到实物的时候，怎么对比两个分数的大小呢？"

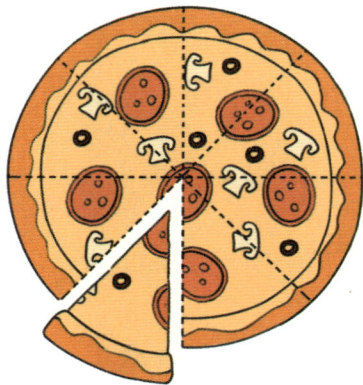

"在分子相同的情况下，分母越大，这个分数就越小，"精灵爷爷说，"在分母相同的情况下，分子越大，这个分数就越大。"

大家把比萨平均分成了 8 份，这样，精灵爷爷、皮皮精灵和龙龙精灵各吃 1 份，一共吃了整张比萨的 $\frac{3}{8}$。思薇吃了其中的 2 份，占整

张比萨的 $\frac{2}{8}$。胃口大一些的罗辑吃了其中的 3 份，就是整张比萨的 $\frac{3}{8}$。

一张比萨按照这种方法分配，正好让五个人都吃饱了，一点儿都没有浪费。

数学加油站

分数的基本性质

分数的分子和分母同时乘以 0 以外的相同的数，分数的大小不变。利用分数的这一性质，可以比较分母不同的分数的大小。

$$\frac{1}{4} = \frac{1 \times 2}{4 \times 2} = \frac{2}{8} > \frac{1}{8}，所以 \frac{1}{4} > \frac{1}{8}。$$

刚才谁说要吃掉一整张比萨啊？

吃不下了，吃不下了……

怎样选择套餐

实践目的：

通过分数的计算和对比，计算套餐优惠幅度，感受分数在生活中的应用。

实践步骤：

1. 在快餐店选择 3 个套餐做数据分析。
2. 记录每个套餐的原价和优惠后的价格。
3. 得出优惠价和原价的比，用分数形式表示。
4. 利用分数基本性质，比较分数的大小，选择优惠力度最大的套餐。

你来试试：

套餐	优惠价	原价	优惠价和原价的比
套餐 A			
套餐 B			
套餐 C			

我的发现：

我的总结：

据说数学家高斯小时候，在一次数学课上，老师出了一道难题——在 1 个小时内计算出 1+2+3+4+5+6+……+100 的和。当班上的其他同学还在一个数接一个数地做加法时，高斯观察了要相加的数字，思索了一会儿就算出了正确的答案。

你会怎样计算呢？

他发现了规律，并利用加法的交换律，将算式变成了（1+100）+（2+99）+（3+98）+……+（50+51），一共有 50 个 101 相加，即 101×50 = 5050，这就是从 1 加到 100 的得数。于是，人们把这种简便的算法叫作高斯算法。

掌握了运算规律，就能用更简便的方法，轻松化解那些看起来复杂的题。

通过对数和算式的观察分析，人们总结出运算规律，并在运用运算规律的过程中发现了更多简便的运算方法。

凑整法：

找到算式中合适的数凑成整十、整百、整千等，再计算，例如：

$$645+198=645+（200-2）=645+200-2=845-2=843$$

基准数法：

在一系列数中找出一个数作为基准数，来代表全部的数。

如下题，可选择 50 作为算式中所有数字的基准数。

$$46+50+54+51+55=（50-4）+50+（50+4）+$$
$$（50+1）+（50+5）=50×5-4+4+1+5=256$$

拆分法：

把一个数拆成几个数。这些数字的特点是能够相乘得到整十、整百、整千等，例如：

$$3.2×12.5×25=（8×0.4）×12.5×25=$$
$$（8×12.5）×（0.4×25）=100×10=1000$$

班里要采购笔记本，一共需要 45 本。硬皮笔记本每本 40 元，软皮笔记本每本 20 元。硬皮笔记本美观耐用，有 120 页。软皮笔记本价格更低，比较美观，但页数少，只有 90 页。

假设每页可以用 1 天，如果让你选择，你会买哪种笔记本呢？为什么？

第三章
常见的量

周末，罗辑和思薇两人约好一起去看昆虫展……

丁零零……

丁零零……

糟了，今天和思薇约好了去看昆虫展，要迟到了！

一刻钟是什么意思？

还有一刻钟就得出门了，抓紧时间。

一刻钟是 15 分钟，刻是一种时间计量单位。

我知道！生活中常见的量除了时间，还有长度、面积、质量等。

是的。不过……再不快点儿，你就要迟到了。

啊！我得赶紧洗漱了！

34

罗辑起床后，立刻跑去刷牙洗脸。收拾停当，他一溜烟跑进客厅，端起桌上的牛奶一饮而尽。"妈妈，我跟思薇今天要去看昆虫展。我们约好了在昆虫展开展前 30 分钟，在距离展馆 1 千米的书店门口碰面。"罗辑拿起一片面包，边走边说，"来不及在家吃饭了，我先走了。""慢点，走路的时候注意安全！"妈妈嘱咐道。

"别急，先看下时间。"精灵爷爷说道。

按照约定的时间，罗辑需要在 8:00 前出门。罗辑起床的时间，是 7:45，他需要在 15 分钟内做好准备然后出门。罗辑只用了 10 分钟就出门了，他还有充足的时间，能够准时到达和思薇约好的碰面地点。

"还好，还好，"罗辑松了一口气，"不然思薇得生我气了。"知道不会迟到的罗辑放慢了脚步。"精灵爷爷，刚才说到常见的量有时间。那时间单位有哪些呢？"在吃面包的间隙，他跟精灵爷爷聊了起来。

年、月、日、时、分、秒都是生活中经常用到的时间单位。从大到小来看：一年有 12 个月，其中 1 月、3 月、5 月、7 月、8 月、10 月、12 月是大月，每个月有 31 天，4 月、6 月、9 月、11 月是小月，每个月只有 30 天。

2 月比较特殊，它既不是大月，也不是小月。平年的 2 月有 28

慢点儿，注意安全！

天，闰年的 2 月则有 29 天，所以平年有 365 天，闰年有 366 天。一般来说，年份能被 4 整除的是闰年，不能被 4 整除的是平年。例如，2022÷4=505.5，商不是整数，所以 2022 年是平年。但如果年份是整百数时，只有能被 400 整除，那年才是闰年。例如，2000 年是闰年，1900 年就不是。

一个月，大约有 4 个星期（周）。比星期小的常用时间单位之间关系如下。

> 1 星期 =7 天
>
> 1 天 =24 小时
>
> 1 小时 =60 分
>
> 1 分 =60 秒

还好我没出生在闰年的 2 月 29 日，不然我得少吃多少生日蛋糕。

12 小时计时法与 24 小时计时法

12 小时计时法：把一天分成两段，每段 12 小时。我们在说起具体时间时，会在时间前加上定语，比如上午 8 点、中午 12 点、下午 3 点、晚上 7 点等。这是我们生活中常用的计时方法。

24 小时计时法：从 0 点到 24 点的计时方法。比如：7 点、13 点、20 点等。广播电台、车站、邮电局为了避免出现时间混乱，一般使用这种计时方法。

"毫升和千米是计量单位吗？"皮皮精灵冒出头来，好奇地问。

"当然了，其实它们在我们的生活中无处不在，"精灵爷爷解释道，"毫升是容积计量单位，千米是长度计量单位。"

"毫升用字母表示是 mL。"龙龙精灵接着说道，"你发现了吗？妈妈买的果汁的瓶身上印着的容积单位不都一样。"

是什么意思呢？

300mL

1L

管他呢，我喜欢这瓶，这瓶果汁多。

"龙龙精灵的问题我能解答。"罗辑说，"L 也是容积单位，读作升。"

常见的小瓶果汁一般是 200~300 毫升，大瓶的可乐一般是 1.25~2 升。升和毫升之间的关系是 1 升 =1000 毫升。

数学加油站

商品包装上的计量单位

我们经常会在饮品的包装上看到容积单位"L"或"mL"，而在固体食品的外包装上看到的是"g"这个字样。"g"就是克，是重量的国际标准单位，也是常见的质量单位。质量单位有：吨、千克、克。

$$1 吨 =1000 千克$$
$$1 千克 =1000 克$$

"我要是能吃上 1 升面包，赶起路来就更有力气了。"皮皮精灵吃着罗辑分给他的面包抱怨着。"升和毫升是容积单位，只能用来计量液体和气体。"精灵爷爷说。

罗辑和思薇约在距离昆虫展展馆 1 千米的书店门口见面。千米是衡量长度或者距离的单位，它也是生活中常见的计量单位。除了千米，长度单位从小到大还有毫米、厘米、分米、米。例如，罗辑的身高是 1.42 米、筷子一般长 22 ~ 24 厘米，4 根筷子连在一起，能组成长约 1 米的小棍。在长度单位中，除了千米和米之外，相邻单位的进率都是 10。

1 千米 =1000 米

1 米 =10 分米

1 分米 =10 厘米

1 厘米 =10 毫米

假如把筷子首尾相接围成一个四边形，就会产生新的量——面积。常见的面积单位有平方毫米、平方厘米、平方分米和平方米。相邻单位之间的进率是 100。

1 平方米 =100 平方分米

1 平方分米 =100 平方厘米

1 平方厘米 =100 平方毫米

"1 平方厘米究竟有多大？我不太理解。"皮皮精灵问。"这还不简单，大人的指甲盖面积大约是 1 平方厘米；手掌的面积大约是 1 平方分米；雨伞伞面的面积大约是 1 平方米。"龙龙精灵回答。

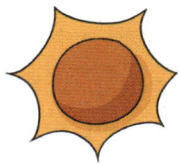

哼！

学以致用，你的面积够大，能帮我挡太阳了。

面积和体积的计量单位

面积和体积也是常见的量，面积的计量单位有：平方毫米、平方厘米、平方分米和平方米。体积的计量单位有：立方毫米、立方厘米、立方分米、立方米，相邻单位之间的进率是 1000。

$$1 立方米 =1000 立方分米$$
$$1 立方分米 =1000 立方厘米$$
$$1 立方厘米 =1000 立方毫米$$

有趣的是，容积单位和体积单位是有关联的：1 毫升 =1 立方厘米，1 升 =1 立方分米。

罗辑一边走，一边好奇地问："怎么才能知道现在我们离和思薇约好碰面的地方还有多远呢？"

"在没有合适工具的情况下，我们的身体是最好的测量工具。"精灵爷爷解释说，"想要测量较远的距离，我们可以借助走路的步幅和步数！为了让测量的结果更加准确，有几点要注意，一是走路时，步幅要尽可能保持一致，二是要认真数步数。"

"不服？谁不服？什么不服？"皮皮精灵疑惑地问。

精灵爷爷擦了擦冷汗说："刚才提到的步幅指的是一步间的距离。放松地往前走一步，两脚中心之间的距离就是步幅。"

"哦！我明白了，我来数步数！"皮皮精灵说完，认真地跟着罗辑的脚步数了起来。

不一会儿工夫，罗辑就走到了书店门口，和思薇会合了。罗辑一共走了 3000 步。经过测量，罗辑的步幅是 45 厘米。

> 1 米 =10 分米 =100 厘米

所以按照长度单位的进率来算，罗辑的步幅也可以算作 0.45 米。

两地之间的距离 = 步幅 × 步数。从刚才的地方到两人碰面的书店门口，罗辑一共走了 3000 步，也就是 0.45×3000=1350（米）。算出了罗辑走的路程，再加上知道罗辑刚才走了大约 20 分钟。那罗辑的步行速度是 67.5 米 / 分钟，单位时间换成小时的话，大约是 4 千米 / 时。

不服？谁不服？

步幅就是走一步时，两脚中心之间的距离

数学加油站

常见的速度

　　成年人走路的速度一般是 5 千米/时；自行车的速度通常是 15 千米/时；公交车的行驶速度是大约 40 千米/时；民用飞机的飞行速度约为 900 千米/时。

　　罗辑和思薇来到展馆门口。他们拿出钱，在售票处前算了起来。门票是 60 元一张，罗辑拿出了一张 10 元和一张 50 元的纸币，思薇则拿出了 3 张 20 元的纸币。

20元 + 20元 + 20元 =　　　　10元 + 50元 =

"好奇怪啊，"思薇问，"人民币为什么没有 3 元、4 元、7 元这些面额的呢？"

"一般来说，为了降低印刷钱币的成本，大多数国家在制定钱币面额的时候，都会尽量减少币值个数。用低面额的组合成高面额的币值。"精灵爷爷解释说，"在大多数国家的货币系统中，1、2、5、10 这几种面额是最常见和常用的。比如 3 元可以用 3 个 1 元组合，也可以用 1 元和 2 元组合。

"我有个一秒变富翁的办法，"思薇笑嘻嘻地说，"谁请我吃根冰棍我就告诉他。""我！我！"皮皮精灵抢先举起手。"那就是……带着一千元钱去津巴布韦这个国家。""为什么啊？"皮皮精灵问。"因为一千元人民币按汇率换算大约可以换五万多津巴布韦元，"罗辑说，"不过据说在那里，买一袋零食都要花几百亿。"

刚才说的不算数！

哈哈，说话要算话。

计算促销差价

实践目的:

走进超市，观察商店的促销活动有哪些种类？通过计算分析促销差价、促销力度。

实践步骤:

1. 记录不同促销活动形式。
2. 记录商品原价、计算商品促销价。
3. 对比促销前后的差价。

你来试试:

商品	促销形式	原价（元）	促销价（元）	差价（元）

我的发现：

我的总结：

看看谁能成为省钱达人。

我们经常在故事里看到古人提起"时辰"这个词。那么，"时辰"到底是什么意思呢？

其实，"时辰"是中国古代的计时单位。早在西周时期，中国人就已经开始用"十二时辰制"计时了。这种计时方式是把一天时间划分为 12 个时间段，每个时间段为一个时辰，每个时辰等于现在的 2 小时。

趣味数学练一练

推理大师周末到公园锻炼身体，1 小时一共走了 5200 步，他的平均步幅 72 厘米，他走路的速度大约是多少千米每小时？

答：推理大师走路的速度大约是 3.744 千米/时。

第四章
探索数的规律

罗辑和皮皮精灵刚走进教室，就听到同学们围着思薇在叽叽喳喳地说着什么……

罗辑，快来帮帮忙。
1235
我收到了一份礼物，但要破解出最后一个数字才能打开礼盒上的密码锁。送礼物的人留了张纸条说密码锁上的数是按照一定规律排列的。
密码由五个数字组成，前四个是1、2、3、5。
数是从左到右递增的，那么它们之间应该存在加法或乘法关系……
1 2 3 5
我知道了，最后一个数字是8。
1、2、3、5、8是一个数列，规律是从第三个数开始，每个数都是它前面两个数的和。

礼盒的密码数字组合，很像著名的斐波那契数列。这组数列最开始是以一对兔子的繁衍为例，来展现其中隐藏的规律，所以它还有个可爱的名字——兔子数列。

假设有一对小兔子，一个月后长大。第二个月，母兔生了一对小兔，第三个月，母兔又生一对小兔，同时第二个月生的小兔在第三个月成熟，然后，如同它们的父母，从第三个月开始每月生2只小兔。那么每月的兔子数量都是前两个月的数量之和。

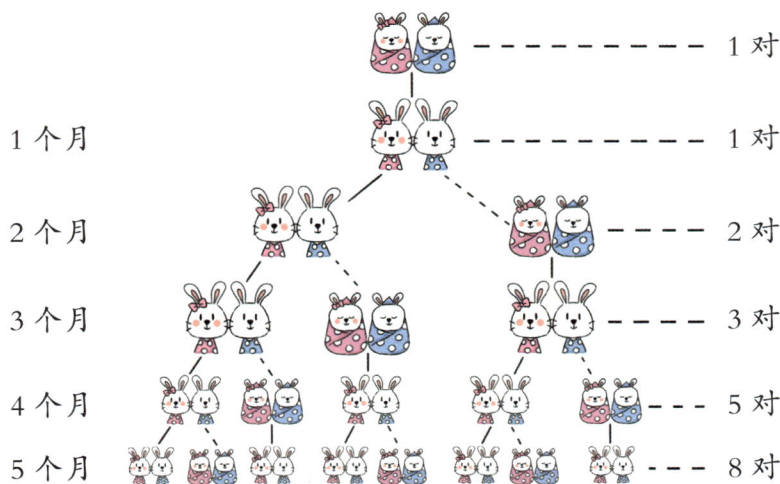

	1 对
1 个月	1 对
2 个月	2 对
3 个月	3 对
4 个月	5 对
5 个月	8 对

数学加油站

斐波那契数列

斐波那契数列也叫黄金分割数列，指：1，1，2，3，5，8，13，21，34，55，89……这组数。

在数学上，可以表示为：

F(0)=1，F(1)=1，F(n)=F(n−1)+F(n−2)（n ≥ 2）

"生日快乐！"罗辑看到盒子里的礼物说，"看来已经有人提前把礼物送了过来。"作为思薇的好朋友，罗辑当然有所准备。他掏出了一早准备好的礼物让思薇选。

最终，思薇选了一本心仪已久的书作为自己的生日礼物。"有眼光，"罗辑说，"你看完以后可以借给我看看吗？""没问题，我打算第一天看到 14 页，第二天看到 28 页，第三天看到 42 页……按照这样的方式看下去。"思薇答应道。"这本书一共 112 页，思薇 8 天就能看完这本书。"龙龙精灵说道。

龙龙精灵是怎么算出思薇看完这本书需要 8 天的呢？原来思薇每天看的页数有一定的规律。按这个规律，思薇每一天都比前一天往后看 14 页，那么，接下来依次递增，到第 8 天的时候，正好看到第 112 页。

"思薇生日快乐，原来你的生日是 4 月 8 日啊。"皮皮精灵凑上前来。"谢谢，我的生日正好赶上了周五，这个周末爸爸妈妈准备带我出

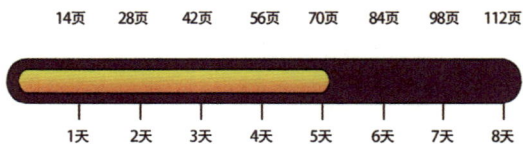

14页	28页	42页	56页	70页	84页	98页	112页
1天	2天	3天	4天	5天	6天	7天	8天

这本书实在太有意思啦，我想再看一遍。

我也想看……

去玩！"思薇开始期待起来。"我俩在同一个月出生，我的生日比你晚几天。"罗辑说，"我生日那天是个周三。"

刚刚走进教室的推理大师听到这段对话，来了兴致："罗辑刚才的话里包含了三个关键的信息。你们能根据这些信息，推算出罗辑的生日是哪一天吗？"

推算出罗辑生日的关键信息

信息一：罗辑的生日也是在这个月，也就是 4 月。

信息二：罗辑的生日比思薇晚几天，所以那天是在 8 号以后。

信息三：罗辑的生日当天是周三。

龙龙精灵赶紧跑到黑板旁边，那里挂着一个日历。

"让我看看，4 月 8 日是周五，4 月 9 日是周六，4 月 10 日是周日，4 月 11 日又到了周一……4 月 13 日就是周三了。罗辑，你的生日是 4 月 13 日吗？"龙龙精灵问。"不是。"罗辑摇了摇头。"啊！那我接着往下看吧。4 月 14 日……"龙龙精灵继续一天一天地看。"停！龙龙精灵，你这样做实在是太麻烦了。你看，日历竖着看相邻的两个日期的差为 7，从上往下不断递增 7 天。日期的变化是有周期的，比如今天是 4 月 8 日，周五，那么接下来的周五的日期依次是 4 月 15 日、22 日和 29 日。"

数学加油站

周 期

　　某种现象按照同样的顺序重复出现时，连续两次出现所需要的时间就是周期。生活中常见的周期有：日出日落，一个周期是 24 小时。月亏月盈，一个周期是 28 天多。四季轮回，一个周期是 12 个月……周期现象有一定规律可循，比如这个星期的周三往后的第 7 天，也是周三。

　　罗辑的生日在这个月的周三，龙龙精灵刚才已经数到这个月的第二个周三，4 月 13 日。可惜那天并不是罗辑的生日。那接下来按照 7 天一个周期计算四月的剩下的周三就有：

$$13+7=20（日）$$
$$20+7=27（日）$$

罗辑的生日应该就是其中一天。

　　"等等，再加 7 还有 34 日呢！"皮皮精灵掰着手指继续计算。"哪个月有 34 天？我的生日是 4 月 20 日。"罗辑赶紧揭晓了答案。

　　除了推算后面的日期外，利用周期向前推算日期也是可以的。例如，13−7=6（日），我们就能快速算出 4 月里第一个周三的日期是 4 月 6 日。

　　"我把罗辑的生日圈出来。"龙龙精灵说着就要往日历上画。"不行！"思薇赶紧阻止他。拉扯之间，龙龙精灵一不小心在日历上画了条线。

　　"有意思，"推理大师看着日历上的线笑了起来，"这条线真有意思。"大家都围了过来，想看看是什么有趣的事吸引了推理大师。

大家从刚才龙龙精灵计算罗辑生日的过程中可以看出，日历横着看，相邻的两天的数字之差为1，从左往右不断递进，比如周一是4号、周二是5号……以此类推。思薇和龙龙精灵拉扯之间画下的线，无意间揭开了隐藏在日历上数字排列的其他规律。

　　从左上向右下斜着看，被线串起来的数字分别是：3、11、19、27。这组数字的规律是，相邻的数字之差为8。从右上到左下，被线串起来的数字分别是：9、15、21、27，这组数字的规律是，相邻的数字之差为6。

　　"没错，"推理大师说，"日历看似普通，但里面大有玄机。看看你们谁还能在日历里找出更多规律。"

发现生活中的规律

实践目的:

仔细观察生活中的事物或者现象，找到隐藏在其中的规律。

实践步骤:

1. 任选一个活动场地，比如家里、学校、公园、街道等。

2. 观察并寻找存在规律的事物，比如门牌号码等。

你来试试:

观察地点	
观察对象	
观察记录	
总结规律	

我的发现：

我的总结：

那个火眼金睛的人是你吗？

你知道吗？日历上还有很多有意思的规律：

无论是横向还是纵向，日历上相邻的三个数相加的和，一定是中间这个数的 3 倍。例如：3+4+5=12=4×3。相邻的三个数，两边的数相加的和，一定是中间这个数的 2 倍。例如：8+22=30=15×2。

以一个数为中心，加上它周围的 8 个数，它们的和，一定是这个中心数的 9 倍。例如：5+6+7+12+13+14+19+20+21=117=13×9。

趣味数学练一练

字母老师正在制作 2024 年的日历，其中 1 月的日历还没做完。她请罗辑和思薇来把日历补充完整。你来帮帮他俩，把日历中的日期补充完整吧。

加油吧

数学

②图形与几何

姚　峰　辛向东　主编

郭思彤　绘

北京科学技术出版社

100层童书馆

丛书编委会

顾 问
熊保林（数学博士、北京大学附属中学高级教师）

主 编
姚峰 辛向东（北京可持续发展教育协会互联网＋跨学科专业委员会）

编 写
陈素琴 罗明 李博 王宇 马蕴杰 潘晶 宋禹迪 杨胜男

绘 图
郭思彤

图书在版编目（CIP）数据

加油吧数学. 图形与几何 / 姚峰, 辛向东主编；郭思彤绘. — 北京：北京科学技术出版社, 2024.3
　　ISBN 978-7-5714-3235-5

　　Ⅰ.①加⋯　Ⅱ.①姚⋯②辛⋯③郭⋯　Ⅲ.①小学数学课—教学参考资料
Ⅳ.①G624.503

中国国家版本馆CIP数据核字(2023)第176595号

策划编辑：黄 莺
责任编辑：郑宇芳
封面设计：沈学成
图文制作：旅教文化
营销编辑：赵倩倩
责任印制：吕 越
出 版 人：曾庆宇
出版发行：北京科学技术出版社
社　　址：北京西直门南大街 16 号
邮政编码：100035
电　　话：0086-10-66135495（总编室）
　　　　　0086-10-66113227（发行部）
网　　址：www.bkydw.cn
印　　刷：北京博海升彩色印刷有限公司
开　　本：710 mm×1000 mm　1/16
字　　数：80 千字
印　　张：3.5
版　　次：2024 年 3 月第 1 版
印　　次：2024 年 3 月第 1 次印刷
ISBN 978-7-5714-3235-5

定　　价：200.00 元（全 7 册）

我是**精灵爷爷**。

我有办法让数学学习变简单。

我是**龙龙精灵**。

我擅长数学计算。

我是**皮皮精灵**。

我最喜欢帮助大家，虽然有时会帮倒忙。

我是**罗辑**。

我喜欢数学。

我是**思薇**。

我热爱思考。

我是**字母老师**。

我是罗辑和思薇的老师。

我是**推理大师**。

我喜欢玩数学游戏。

欢迎来到图形教室，看似抽象的几何图形，在生活中随处可见。
图形教室
我画的是平面图形。
我画的是立体图形。
我画的……不太行……

目 录

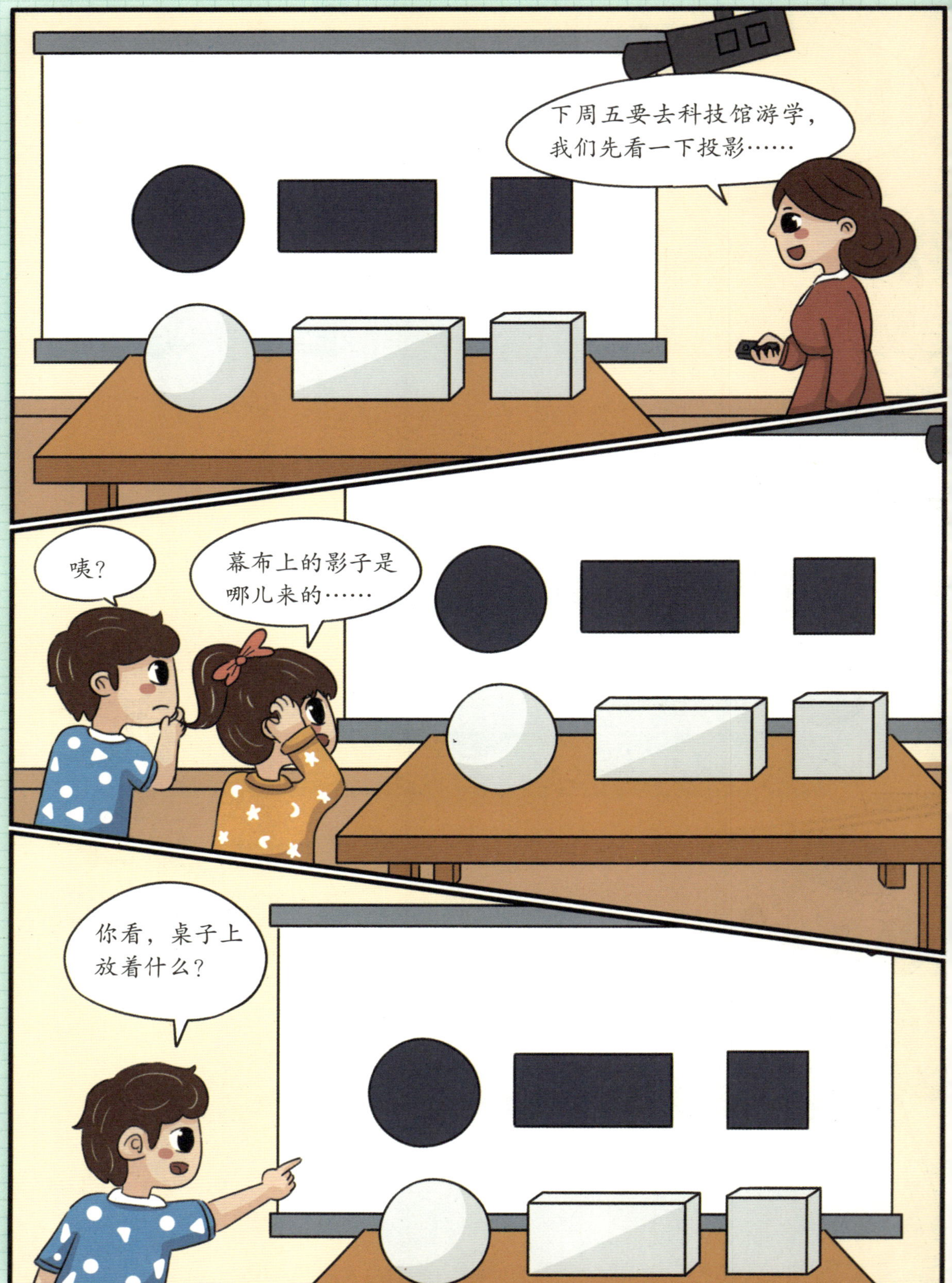

下周五要去科技馆游学，
我们先看一下投影……
咦？
幕布上的影子是
哪儿来的……
你看，桌子上
放着什么？

那不是素描课用到的石膏几何体吗？美术老师忘记拿走了。
没错！
在光线的照射下，几何体的一个面投射到幕布上，就形成了大家现在看到的平面图形。
别忘了做好游学准备哟。
不好意思……
美术老师终于想起他的石膏几何体了。

第一章
平面与立体

科技馆游学的日子到了。同学们一进入科技馆的一楼大厅就发现，在一个大大的展台四周围满了人……

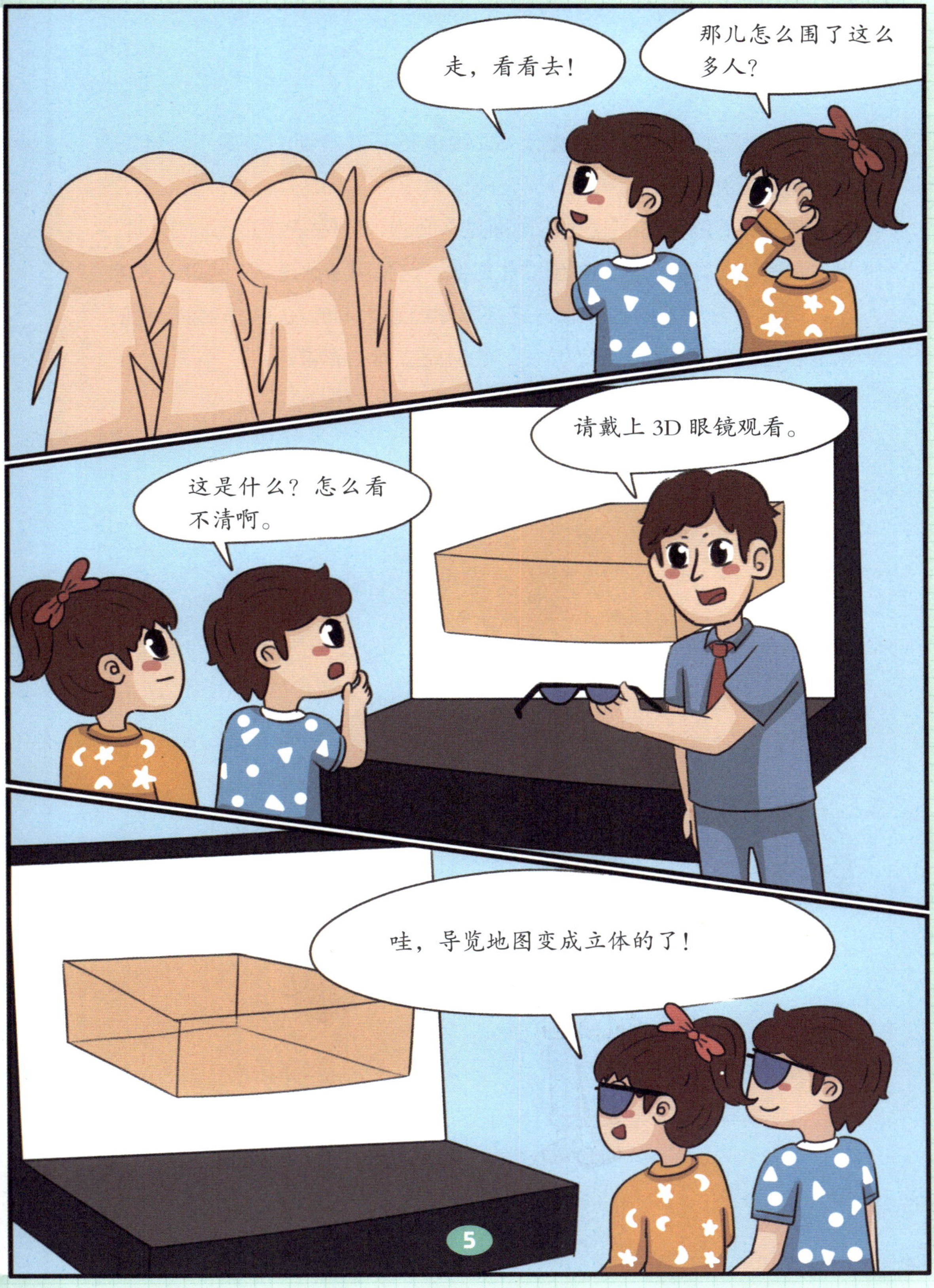
那儿怎么围了这么多人？
走，看看去！
请戴上 3D 眼镜观看。
这是什么？怎么看不清啊。
哇，导览地图变成立体的了！

"同样是地图，为什么戴上 3D 眼镜和不戴看到的效果不一样？"皮皮精灵感到疑惑。

精灵爷爷解释说："图上的画面是平面的，但是经过了特殊的处理，当你戴上 3D 眼镜，就能看到立体影像。这是因为透过 3D 眼镜，人的左右两眼会看到不同的影像，这些影像经过大脑的加工，就会让我们感觉自己看到了具有一定深度的，也就是立体的影像。"

数学加油站

平面和立体

平面没有深度，它是向四周无限伸展的。任意一个平面都可以将空间分割成两个部分。

立体是有长、宽和深（高）三个维度的空间。

平面好像是一张无限大的饺子皮。

饺子有长、宽、高，它是立体的。

平面只有一个面，而立体有多个面。在我们的生活里，到处都是平面和立体结合的物体。例如，楼房本身是立体的，但它平整的墙面则是平面的；桌子是立体的，而它平滑的桌面则是平面的；手机是立体的，但它平整的屏幕则是平面的……

罗辑说："科技馆是立体的。如果将科技馆绘制成地图，那就意味着需要描绘出它的每个区域的长和宽。也就是说，可以把我们手里的地图想象成科技馆拍扁以后的样子。"

"这就好像我们坐着飞机从很高的空中向下看，看不出物体高度的时候，地面的景象就像地图一样了。"精灵爷爷解释道。

龙龙精灵看着展架上的导览手册，若有所思地说："手册里的每页纸都薄薄的，几乎可以看作是一个平面物体。许多张纸叠在一起，就成了一个有长、宽和高的立体的物体。"

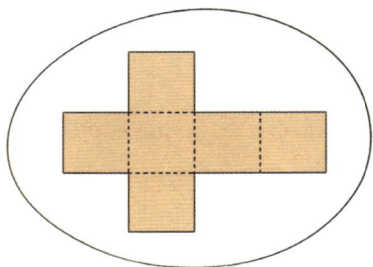

数学加油站

数学的空间

　　在初等数学中讲的空间主要集中在对形状、大小、位置、方向和距离等的认识和理解上，即通常指的三维空间。

　　"借助一个饼干盒就能直接看出平面和立体之间的区别。"思薇从包里拿出一盒饼干，说，"饼干盒的各个面共同组成了一个有长、宽、高的空间，它是立体的。当我把饼干盒完全拆开、铺平后，它就变成了平面的。"

演示完了，饼干可以给我吃吗？

　　大家一边聊，一边在科技馆里体验各种项目。"哇，魔方竟然还有这么多形状的。"在一个展台前，罗辑和思薇被琳琅满目的魔方吸引住了。

　　罗辑买了一个魔方。他看了看外包装上的展示图，又看了看魔方，疑惑地问精灵爷爷："我们刚才讨论平面、立体和空间的时候，说把立体的物体画成平面的，需要去掉高度。如果只画魔方的长和宽，那就是一个正方形。可是为什么这里不是这样的呢？"他举起魔方和外包装给大家看。果然，如果单看魔方的一个面，就是一个正方形，但外包装上的展示图并不是这样。

为什么外包装上展示图是这样的？

精灵爷爷解释说："这就是画在平面上的立体图形。"

从数学角度来说，在平面上绘制立体图形，和一个点光源照射物体形成投影相似。人们看到真实物体时，眼睛就相当于点光源，所以在看到立体图形时，人们根据视觉经验，就能感受到立体的视觉效果了。

"这可太考验想象力了，"思薇说，"难怪我们经常需要结合平面图形和立体图形来理解空间。"

立体物体的不同面

实践目的：

　　收集身边的常见物品，从不同角度观察物体的面。借助同一物体理解平面和立体的关系。

实践步骤：

1. 找到生活中常见的物体。
2. 将物体朝不同方向摆放。
3. 观察物体的面。
4. 尝试将从不同角度观察到的物体的面画下来。

你来试试：

物品	图1	图2	图3
魔方			

我的发现：

我的总结：

皮皮精灵摔了一跤，在地上留下一个长方形的印记。

物体和它的影子之间有紧密的联系，这是一个可以用数学来解释的典型现象。

光线照在物体上，在某一个平面上形成的影子，就是这个物体的投影。这个平面是投影面，照射物体的光线是投影线。

前面的石膏几何体，因为投影仪的光线的照射，在幕布上形成了平面的阴影。在这种情况下，影子就是石膏几何体的投影，幕布是投影面，而照射石膏几何体的光线则是投影线。投影是物体的一个面在平面上形成的图像。

在观察一个物体的时候，我们看到物体时所形成的图像，就是一个视图。

在平面上画出有立体感的物体，并不是件容易的事。将物体所有角度看到的样子都画在平面上也不现实。为了解决这个问题，人们创造了三视图法，分别从正面、侧面以及顶面观察物体，绘制平面图形。从三个角度看到的图形分别被称为主视图（正视图）、侧视图以及俯视图。同一个物体摆放位置不同，所画的三视图也可能不同。

科技馆里伫立着一台巨大的机器人，罗辑、思薇一行人围在它周围给它拍照。你能根据拍摄角度猜出哪张照片是思薇拍的吗？

①

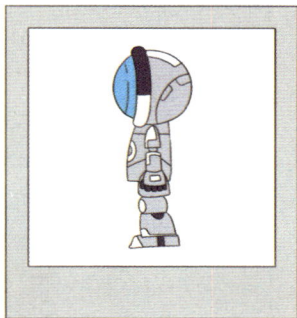

②

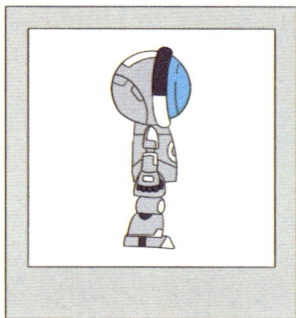

③

答案：③。

第二章
平面图形与
立体图形

科技馆里有很多令人感到新奇的高科技项目，罗辑和思薇都跃跃欲试。突然，他们停下了脚步……

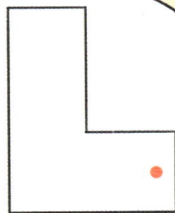

在数学里，点、线、面都是几何元素。"几何之父"欧几里得这样描述点：点在空间中只有位置，没有大小。我们可以理解点是没有大小、不可再分割的，最基本的几何元素。点作为射线、线段的起点或终点时，叫"端点"。

"所以，龙龙精灵被拖走时在地面上留下的线，不能算是直线，"精灵爷爷说，"应该算线段。"

数学加油站

直线、射线和线段

在一个平面上，点向两端无限运动延长形成的图形就是直线。因此，直线无法测量长度。经过一个点可以画无数条直线，但经过两个点就只能画出一条直线。

射线只有一个端点，没有端点的一侧可以无限延长，所以射线的长度也无法测量。

在直线上任意取两个端点，两个端点及中间的部分就是线段。线段虽然是直线的一部分，但有两个端点作为起点和终点，因此长度有限，可以测量。

我被无限拖下去，地上留下的痕迹就是射线。
我中途飞走了，地上留下的痕迹就是线段。

对不起。

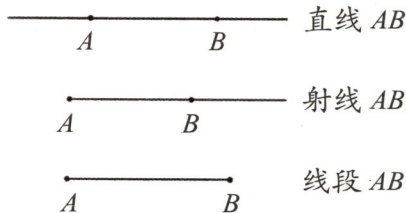

直线 AB

射线 AB

线段 AB

"那边有好玩的，快走！"眼尖的龙龙精灵发现了有趣的活动，赶紧叫大家一起去。只有皮皮精灵一会儿被场馆里的灯吸引，一会儿又跑去看墙上的画……等他赶到展台时，大家早就到了。

"我已经飞得够快了，"皮皮精灵不甘心地说，"怎么还是最后一个到？"思薇拿出自己的导览手册，打算用画图的方式来分析皮皮精灵的这个问题。

思薇首先在纸上点了一个点。"这是我们刚才出发的位置，是起点。"然后，思薇又在他们参与活动的展台位置处点了一个点，说："这是我们现在的位置，是终点。我来画一下刚才大家是怎么从起点到终点的。"

罗辑、思薇和龙龙精灵走的是直线。而皮皮精灵的路线弯弯曲曲的，就像一条蚯蚓。思薇看了看，说："我知道了，两个地方之间，笔直路线的距离最短。所以即使和皮皮精灵的移动速度差不多，我们还是会比他更快到达终点。"

精灵爷爷竖起大拇指，称赞道："没错！两点之间，线段最短。"

这个展馆展示的主要是一些机器人，这可太对罗辑的胃口了，因此，他观察得比其他人都要仔细。很快，他就注意到了一个特殊的机器人。

"快看，这个机器人竟然只有虚影。"罗辑招呼大家来看。

机器人虚影旁边的屏幕上发布了一个任务：寻找失踪的机甲大侠。在上次保卫星球的大战中，机甲大侠丢失了组成身体的零件。勇士们需要根据提示，找到符合要求的零件碎片，将它们拼凑起来，才能修复机甲大侠。

大家都想成为勇士，争先恐后地按下参加活动的按钮。这时，屏幕亮起了第一个提示：找出在同一个平面、不同直线上的三条线段，首尾依次相连组成的封闭的图形。

大家根据提示，找出了这些形状的碎片。

"好多不一样的三角形啊！"龙龙精灵惊呼。

"三角形的名称和它们的角有关。"精灵爷爷说，"你们知道什么是角吗？""这个我知道，以公共端点为顶点发出的两条射线组成的图形就叫角。两条射线离得越近，角越小。"思薇回答。"表示角的大小的单位是度，用符号'°'表示。"精灵爷爷说。

> 90° ＞锐角 ＞ 0°
>
> 直角 ＝90°
>
> 180° ＞钝角 ＞ 90°
>
> 平角 ＝180°

知道了什么是角，就可以理解三角形为什么叫这个名字了。根据角的大小不同，三角形还分为锐角三角形、直角三角形和钝角三角形。三角形的特点是具有稳定性，一旦三条边的长度固定下来，三个角就不会变化了，所以三角形不容易变形。如果机械设计师想让他的作品更坚固，就会在其中加入三角形的设计。

这时，屏幕亮起了第二个提示：找出在同一个平面、不同直线上的四条线段，首尾依次相连组成的封闭的图形。

大家找出了符合要求的碎片。

"这些图形叫四边形。"精灵爷爷说。

四边形由不在同一条直线上的四条线段首尾相接围成，线段就是它的边。虽然比三角形多了一条边，但四边形没有三角形稳定。有时，机械装置也需要能够变化的部件。四边形设计刚好可以满足这样的要求。

"它的手臂正是平行四边形结构的铁架。"精灵爷爷指向附近的一个机器人说。此时它正在来回伸缩手臂分拣积木。大家纷纷赞叹道："设计师好聪明啊！"精灵爷爷说："好好研究几何学，以后你们也有机会设计出更厉害的作品。"

平行四边形相对的边相互平行，且长度相等。正方形和长方形都是平行四边形家族中特殊的成员。长方形则有长边和短边，四个角都是直角。正方形是特殊长方形，它的四条边的长度相同，四个角都是直角。梯形也是四边形，它只有一组相对的边是平行的。

数学加油站

相交和平行

从图形上可以看到，直线、射线和线段它们存在着不同的位置关系。如果两条直线在某一个点相遇，那么它们是相交直线。这个相遇的点就是交点。两条相交的线如果夹角是90°，则这两条线相互垂直。在同一个平面上永远不会相交的两条直线是平行线。

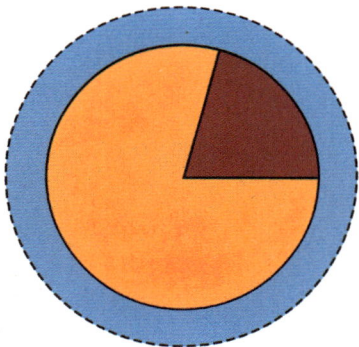

相交　　　　　　　　垂直相交　　　　　　　平行

游戏还在继续，屏幕亮起了第三个提示：机甲大侠的能量灯碎成了三片，请找到正确的碎片，拼好能量灯。

大家找到了碎片，成功地把能量灯拼合起来。"你们找到的分别是两片扇形，一片圆环，这三片碎片组成了一个圆形。"精灵爷爷说。

罗辑突然想起刚才看到的新概念汽车，对大家说："你们发现了吗？无论汽车的外形怎么变化，车轮总是圆形的。"

大家异口同声地回答："因为如果轮子不是圆的，汽车会颠簸！"

"但为什么有圆形轮子的汽车不会颠簸呢？"精灵爷爷笑着问。这一次大家不知道怎么回答了。

在同一个平面上，线段围绕着一个固定的端点旋转一圈形成的封闭图形就是圆。固定的端点在圆的中心位置，叫作圆心。另一个端点移动一周的轨迹就是圆周。连接圆心到圆周上任意一点的线段是半径。通过圆心，两端都在圆周上的线段是直径。直径长度是半径的 2 倍。从圆周上任意取一段则是弧。

精灵爷爷公布了答案："因为圆有无数条半径，且半径长度相同。同理，轮子的中心到边缘的距离不变，轮子在地面滚动时，它的中心距离地面的高度不会变化。这样一来，汽车就不会颠簸了。"大家这才恍然大悟。

数学加油站

扇形和圆环

经过弧的两个端点的两条半径和这条弧组成的图形是扇形。共用一个圆心，半径不同的两个圆中间部分是圆环。

圆圆的比萨，分给你一块扇形的！

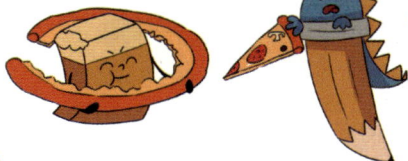

我要另一块扇形的！

都归我啦！

所有的机甲碎片收集完时，大家耳边响起悦耳的声音："恭喜勇士们，找到了所有的碎片。修复机甲大侠的零件图纸就在下方。"大家都看向屏幕，屏幕上显示最后一个提示：按下能量灯，修复机甲大侠的零件将会按照图纸自动组装成型。

大家一起按下了圆形能量灯，屏幕上的图形立刻"动"了起来。经过几轮折叠，它们从平面展开图，变成了对应的立体图形，"零件"终于做好了！

在大家期待的目光注视下，这些零件修补好了机甲大侠的身体。机甲大侠奋力伸展了下身体，身后的披风在风中猎猎作响。"游戏顺利通关啦！"罗辑和思薇兴奋地蹦了起来。

"咦？"就在大家为通关而欢呼雀跃时，皮皮精灵望着手里的饼干盒，疑惑地说："同样的饼干盒，为什么我拆出来的形状和之前思薇拆出来的不一样呢？"

"这个饼干盒是标准的正方体，有 6 个面，12 条棱，"精灵爷爷解释说，"沿着不同的棱剪开，可以展开成 11 种平面图形。只要一个口诀，就能记住它们。"

"中间四个连成行，两边各一随便放；二三连接挪一个，三一相连一随意；两两相连各挪一，三个两排一对齐；五连、七字要放弃，田字、凹字也不行。"精灵爷爷念出这个口诀。

我拆开后的盒子变成了这样。

这是我拆出来的样子。

空间站的展开与折叠

实践目的：

发现隐藏在空间站中的平面图形。理解立体图形和组成它的平面图形之间的关系。

实践步骤：

1. 准备彩纸、硬卡纸、剪刀、胶棒、双面胶。
2. 观察空间站的各个组成部分。
3. 将不同组成部分用准备好的材料制作出来。
4. 将制作好的组成部分连接，制作空间站模型。

你来试试：

现在世界上只有两个空间站在运行，一个是国际空间站，另一个是中国独立研发的空间站天宫。

两个空间站都有相似的几何体，比如长方体和圆柱体。

我的发现：

我的总结：

使用剪刀时要
注意安全呦！

拓展与思考

　　盖房子时，需要用到大量的砖。遇到砖码放在一起的情况时，怎样才能准确统计出的砖的数量呢？

　　"上面的砖不会掉下去，因为每块砖底下都有另一块砖为它提供支撑。"罗辑分析道，"想要知道某一层砖的数量，咱们只需要把这层可以直接看见的砖的数量和上一层砖的数量相加就行了。把每层砖的数量相加，就知道砖的总数了。"思薇想了想，说："每一列砖的数量等于它顶部那块砖所在的层数。标记每一列砖的数量，再将它们相加，也能计算出砖的总数。"

　　罗辑说的方法是分层法，一层一层统计砖的数量。思薇说的方法是标数法，一列一列统计砖的数量。这两种方法都可以有效地用来计算砖的总数量。在数立体图形有几个时，关键是避免漏掉任何一个部分，无论它是不是能被直接看到。

　　罗辑买的魔方装在一个没有盖子的盒子里，盒子的底面上画着一颗五角星，龙龙精灵和皮皮精灵试着画出展开图形。你能看出哪个才是魔方盒子展开后的平面图形吗？

无盖

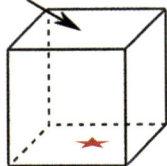

①　　　　　②　　　　　③　　　　　④

第三章
图形的测量

参观完上一个展馆，大家走进下一个展馆。这是一个和化学有关的展馆……

罗辑和思薇听了精灵爷爷的话，异口同声地问："那要怎么判断呢？""这样吧，你们先说说自己的判断理由。"精灵爷爷又把问题抛给了两个小家伙。

罗辑说："因为这个展馆更宽啊。"思薇反驳道："但是刚才那个展馆很长。"

精灵爷爷听了他们各自的理由后，说："这就是问题的关键了，因为这两个展馆的形状不同。要比较它们的大小，不能仅仅凭借长或者宽。"

罗辑问："那要怎么比较呢？把长和宽加在一起吗？"

精灵爷爷笑着说："你们俩刚才争论大小的方式，其实是把场馆看作平面图形。表示平面图形的大小的有两个常见的量，罗辑提到就是其中一个量 ——周长。"

周长就是图形一周的长度，是围成这个平面图形的所有边长相加的总和。

这个更大。

刚才的展馆大。

"我记得地图上好像标注了不同的数，我们来看看。"思薇说着拿出地图，大家看到展馆平面图的每条边的确都标注了长度。

"唔，刚才那个场馆的边长分别是 130 米、60 米、30 米、30 米、100 米、30 米。"思薇按逆时针的顺序把整个 L 形场馆的边长念了个遍。所以，刚才那个场馆的周长如下：

$$130+60+30+30+100+30=380（米）$$

罗辑又看向这个场馆的地图："这个展馆是正方形的，四个边都是 80 米。4 个 80 相加……""我知道，是 320 米。"龙龙精灵补充道。

$$80×4=320（米）$$

罗辑又确认了一眼地图上的标注，不甘心地说："好吧，看来还是思薇说得对，这个展馆的确没有刚才的展馆大。"

精灵爷爷："先别急着认输，不是还有另一个量吗。它才是衡量平面图形大小的量。"

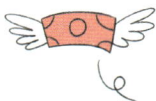

我的零花钱啊！

罗辑听到精灵爷爷这么说，又打起精神来，问道："真的吗？""对，它就是面积。"精灵爷爷回答道。面积是物体的面或封闭的平面图形所占区域的大小。

"展馆的面积应该怎么计算呢？"比起谁请客，思薇对这个问题更好奇。"面积的计算比周长要复杂。"精灵爷爷说。

数学加油站

长方形和正方形的面积

用 S 代表面积，a 代表长，b 代表宽。

长方形的面积：$S=a \times b$。正方形的面积：$S=a \times a=a^2$。对于一些特殊的或不规则的几何图形，则可以尝试着将它分割拼接成规则的图形来计算它的面积。

罗辑马上算出了正方形展馆的面积：

$$80 \times 80=6400（平方米）$$

"这可怎么算啊？"思薇在计算 L 形展馆的面积时犯了难。有了！可以试一下精灵爷爷刚才说的分割拼接法：它可以分成两个长方形，一个长 100 米，宽 30 米，另一个长 60 米，宽 30 米。

$$100 \times 30+60 \times 30=4800（平方米）$$

L 形展馆的面积竟然没有正方形的大！

"几何很神奇吧，两个平面图形，周长更长的，面积却可能会更小。"精灵爷爷说，"这样看来，罗辑的感觉是对的。"

"好吧，我请客。"思薇说。

罗辑想了想，说："我们一起请大家吃冰激凌吧！"

"冰激凌真好吃，但是我有一个疑问。"皮皮精灵思考着刚才 L 形展馆面积的计算方式，"如果不用切割法，而是用补图的方法，算出的面积还一样吗？"

切成一个长方形和一个正方形。场馆实际面积是：
$130 \times 30 + 30 \times 30 = 4800$（平方米）。

补成一个大长方形，再减去补的小长方形面积。场馆实际面积是：
$130 \times 60 - 100 \times 30 = 4800$（平方米）。

罗辑和思薇学到了新知识，迫不及待地想练练手。可当他们看到地图上化学馆的平面图形时傻眼了：这个馆的平面图竟然是圆的！

圆的周长和面积

用 C 代表周长，S 代表面积，r 代表半径，d 代表直径。

圆的周长：$C=2\pi r=\pi d$；圆的面积：$S=\pi r^2$。

这里出现的特殊符号 π 就是圆周率，即圆的周长和直径的比值。古希腊数学家阿基米德计算出圆周率近似值。魏晋时期的数学家刘徽也找到了计算圆周率近似值的方法。刘徽发现这个方法虽然比阿基米德晚，但他得出的数值比阿基米德的更精准。

到南北朝时期，中国杰出的数学、天文学家祖冲之更是将圆周率精确到小数点后 7 位数。

$$3.1415926 < \pi < 3.1415927$$

精灵爷爷告诉大家，在计算圆的周长和面积时，π 一般取值 3.14。最后大家算出了化学馆的周长和面积。

大家开始参观化学馆。实验仪器大多是用玻璃做的，有些化学试剂存在危险，因此大多数实验只能由工作人员操作。即便如此，面对各种各样神奇的反应，五光十色的化学试剂，大家还是惊叹不已。

这时，罗辑和思薇注意到一个细节：实验仪器和各种瓶瓶罐罐上都贴着标签。标签上的试剂名称、注意事项、化学性质各不相同，但都提到了一个相同的词：容积。

他们问精灵爷爷什么是容积，精灵爷爷说："要了解容积，首先要了解体积。"

"既然立体图形是由平面图形围成的，它是不是也应该有周长和面积呢？"罗辑问。"你说对了一半，立体图形主要研究其他的量，比如表面积。立体图形各个面的面积之和，就是它的表面积。"精灵爷爷说。

数学加油站

长方体、正方体和圆柱表面积

用 S 代表表面积，a 代表长，b 代表宽，h 代表高，r 表示底面半径。

长方体表面积：$S=2(ab+ah+bh)$。正方体表面积：$S=6a^2$。圆柱表面积：$S=2\pi rh+2\pi r^2=2\pi r(h+r)$。

罗辑继续问道："立体图形还有别的量吗？"精灵爷爷回答道："你们再回顾一下立体图形和平面图形的区别。"

"立体图形占有一定空间。"思薇想了想说。"对，我们还需要一个量表示立体图形所占空间的大小，那就是体积。"精灵爷爷肯定地说。

把几何体表面都涂上好看的颜色。

放手，是我啦！

数学加油站

长方体、正方体、圆柱和圆锥体积

用 V 代表体积，a 代表长，b 代表宽，h 代表高，$S_底$ 代表底面积。

长方体体积：$V=abh$。正方体体积：$V=a^3$。圆柱体积：$V=S_底h$。

圆锥体积：$V=\dfrac{1}{3}S_底h$。

"体积和容积有什么关系呢？"罗辑不解地问。

"体积和容积有相似性。体积是物体自身占的空间。容积则是物体内部能够容纳的空间。一般情况下，固体的容积单位和体积单位相同，如立方厘米、立方米等。计量液体的体积用容积单位，如毫升、升等。比如这个瓶子，"精灵爷爷指了指一个操作台上的玻璃瓶说，"上面的标签写着容积：500 mL，这就是说它能够装 500 毫升的液体。但并不是说这个瓶子的体积是 500 立方厘米。它们之间相差着构成瓶子的玻璃的体积。"

罗辑问："是不是容器壁越厚，容器容积和体积大小相差就越多呢？"

精灵爷爷肯定地回答："是这样的。"

思薇笑着说："难怪妈妈每次买到皮特别厚的西瓜时都很郁闷。同样大小的西瓜，皮越厚的话，里面能吃的部分就越少。"

我选这个瓜。

物体表面积和体积

实践目的：

测量物品的边长，根据测量结果计算生活中常见物体的表面积和体积。

实践步骤：

1. 测量物品的边长。
2. 根据测量得到的结果计算物体的表面积和体积。

你来试试：

物品	表面积	体积
书本		
纸箱		
笔筒		

我的发现：

我的总结：

注意得数的单位呦！

在计算 L 形场馆的面积时，罗辑和思薇使用的方法，就是数学中常说的出入相补法。把复杂的几何图形分割、移动和填补后，变成简单又常见的图形，以便计算图形的面积。因为在出入相补过程中图形的面积总和不变。这个方法也是我国数学家刘徽的又一个重要发现。

有了这个方法，在面对复杂、不规则的图形时，我们都能轻松计算它们的面积，甚至是推导出它们的面积计算公式。

数学思维是找到解决问题方法的敲门砖。

刘徽

以平行四边形为例，我们可以通过出入相补法中的割补法，拼出一个和原图形面积相等的长方形。再根据长方形的面积计算公式，就能得知：平行四边形面积 = 底 × 高。

再以三角形为例，可以通过出入相补法中的倍拼法，拼出一个平行四边形。这个平行四边形的面积正好是原始图形的两倍。所以：三角形的面积 = 底 × 高 ÷ 2。

割补法

倍拼法

趣味数学练一练

思薇买了一瓶容积是 300 mL 的果汁。果汁瓶是标准圆柱体，思薇喝掉了一部分果汁后，瓶里剩下的果汁高度是 12 cm。瓶子倒放后，空余部分高 3 cm。已知 1 mL 等于 $1cm^3$，思薇喝了多少毫升果汁呢？

第四章
图形的位置与变换

终于来到了天文馆。天文馆的屋顶设计成了半圆形，只要转动馆内的望远镜镜头，就能以多个角度观测天空……

看，这些星座在移动。
星空好美啊。

星座是恒星在天幕上的投影，我们从地球上看去，就像平面图形一样。
难怪我们在冬季星空看到的北斗七星，在夏季就看不到了呢。
随着恒星和地球的移动，星座的位置每天在逐渐向西移动。

"北极星！"罗辑用手指着星空图中一颗明亮的星星，"看到它就知道哪个方向是北了。"北极星在北极点上空，离我们非常远，所以从地球上看它在天空中的位置几乎不变，一直指向北方。

东、西、南、北是四个不同的基本方向。东和西相对，南和北相对。即如果我们面朝北方，那么背后就是南方，左手的方向是西方，右手的方向是东方。除此之外，相邻的两个方向间还会衍生出新的方向。比如西北方，指的就是北偏西45°夹角的方向。

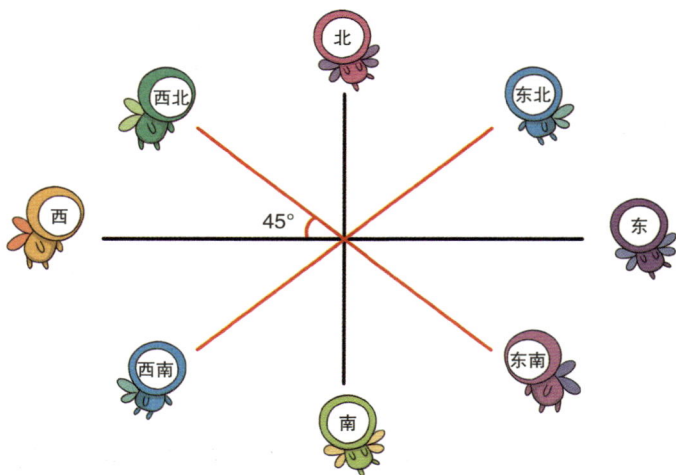

大家向天文馆深处走去，他们惊讶地发现这里居然是一个巨大的迷宫。工作人员讲解道："在人类历史上，很多时候星星都扮演着指引者的角色。本馆之所以这样设计，就是为了让参观的人一边更好地观看星空图，一边体验星空的指引。"大家都对这奇妙的设计表示赞叹。

工作人员继续说："另外，如果有人能在规定时间内参观完地图上标注的所有展台，回答展示屏上的问题并获得每个展台的专属徽章，就可以得到大奖呦。"大家听到后都跃跃欲试。

精灵爷爷说："先别着急，既然规定了时间，我们最好先在地图上规划好路线。"

路线

从一个地方到另一个地方所经过的道路就是路线。在地图上画出从一点到另一点的路线，这就是线路图。有的时候从一点到另外一点不是只有一种路线，我们可以根据线路图来找到最短的路线。

在寻找最佳路线时，罗辑忽然想到一个问题，他问精灵爷爷："有时候我们会用前后左右来给别人指路，也会用上下来指出东西放在哪里，这些也是方向吗？"

"不是，这六个词代表位置，"精灵爷爷说，"当确定了参照点、方向和距离的时候，就能锁定目标的位置。"比如展览馆在学校北边，距离学校 23 千米。这里面展览馆是目标，学校是参照点，北是方向，23 千米是距离。根据这些信息，我们就可以找到展览馆所在的位置。

罗辑用笔尖在起点处点了个点，随着笔尖移动到下一个目的地，一条线出现了。发现画错的地方，他赶忙用手擦了一下，没有干透的"线"就随着手掌的移动变成了"面"。罗辑好奇地问精灵爷爷："如果面运动起来会怎样呢？"

精灵爷爷："图形的运动一般分为平移、旋转和对称三种方式。"

平移指在同一个平面内，图形沿着直线方向移动一段距离。图形平移后大小、形状和方向都不会发生改变，只有位置变化了。

旋转指在同一个平面内，一个图形绕着某个固定点（旋转点）或一条固定直线（轴），沿着某个方向转动某个角度（旋转角）。图形旋转后大小和形状也不会发生改变。

对称分为轴对称和成轴对称。一个图形沿着一条线对折，两边能完全重合，这个图形就是轴对称图形。两个图形沿着一条线对折后能完全重叠，我们则称这两个图形成轴对称。对折的线是对称轴。

生活中常见的电梯上下、汽车行驶和拉抽屉等，我们称作平移；风扇扇叶转动、旋转木马旋转和荡秋千则是旋转。正方形、长方形和圆形则是轴对称图形。

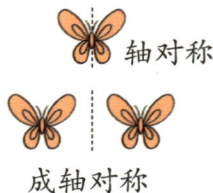

轴对称

成轴对称

平移　　　　旋转

在几条路线中，大家选择了能够达到所有展台且最短的一条路线。可是，随着手里的地图转来转去，大家在迷宫里左拐右拐，不一会儿就迷失了方向。"这可怎么办啊？"思薇皱着眉头说，"我们走到哪儿了？"罗辑根据周围的环境，又仔细对比地图，试图确定他们当前在迷宫中的位置。这时候，罗辑注意到地图上不起眼的地方有个标志。

"这是指向标，是地图上常见的指定方向的标志。"精灵爷爷说，"地图一般都是按照上北下南，左西右东的方向绘制。如果将方向和位置关联起来，就不容易迷路了。"

"总得停下来确定我们当前所在的位置，浪费了好多时间，有没有更好的办法呢？"思薇问。这时，罗辑突然想起进入迷宫前，工作人员曾经给了他一个装有迷宫地图的平板电脑。

工作人员还告诉他，如果在迷宫里迷了路，可以用这个平板扫描腕带上的二维码，大家的定位标志，就会显示在平板电脑的地图上。于是，罗辑赶紧把平板电脑拿了出来。按照指示，罗辑完成了操作。

数字地图实时显示大家的移动方向，还能随时比对地图指示的方向，这下大家就不用担心会迷路了。罗辑边走着，边用手指按住屏幕放大和缩小地图，确定目标展台的位置和接下来的行进方向是否正确。

　　"快停下来，"皮皮精灵瞥到罗辑的动作，着急地说，"你这样把地图放大、缩小，地图不就变样了，那我们还怎么完成任务呢？"

　　"没事，这样操作，地图只会按照一定的比例变成放大图或是缩小图，它的形状和绘图方向都不会发生变化的。"罗辑安慰皮皮精灵。

　　终于，大家按照地图所示，找到目标展台，集齐了所有的徽章。工作人员核实后，揭开了神秘奖品的面纱：一部卡通投影仪和一组星空投影底片。这下，他们足不出户，就能看到放大的星空图了。

用小小的图片看大大的影像。

绘制路线图

实践目的：

联系生活，掌握判断方向和距离的方法，建立空间感。

实践步骤：

1. 通过平面图、地图软件等工具，收集方向、距离等信息。

2. 选择起点和终点设计路线，并记录路线上的标志性建筑。

3. 根据以上信息，绘制路线图。

你来试试：

期待看到你画的
路线图！

我的发现:

我的总结:

请根据场地大小和形状,选择合适的比例尺。

图形的位置和变换看起来是抽象的数学知识，但其实它们存在于生活的方方面面。

小到剪窗花、设计游戏和印刷漂亮的图案，大到设计宇宙飞船和航空母舰，人们从生活中抽象出图形，理解图形的位置关系和变换，再应用于生活，这就是将数学知识变成生活技巧的过程。

人类的发展史伴随着研究空间结构及性质的几何学的诞生。虽然没有确凿无疑的证据证明几何究竟起源于什么时间，什么地点。但可以知道的是，当人们开始因为种植而去测量和划分土地时，当人们为了定居而开始设计和建造房屋时……人们就有了空间的概念并借助图形理解空间。

在我国古代数学著作《周髀算经》中，记录了一段发生在公元前一千多年前对话。周武王的弟弟姬旦向一个叫商高的人请教一个数学问题：天地之间，没有台阶可以攀登，大地之大，也无法用尺子丈量，那伏羲是怎么得到创立天地历法所需要的数据的？

商高回答："数元法，出于圆方，方出于矩。矩出于九九八十一。"可见，我们的祖先早已将图形变换结合数字计算应用于生活中了。

天地历法从何而来？

姬旦

方法出自方圆间。

商高

趣味数学练一练

罗辑和思薇获得的投影仪可以使用自己制作的放映底片。如果底片上正方形的边长为 5 厘米，投影到墙壁上，这条边对应的长度是 1 米。算一算，底片上的正方形投影到墙上，它的边长、周长和面积各放大了多少倍呢？

加油吧
数学

③表达式与方程

姚　峰　辛向东　主编

郭思彤　绘

北京科学技术出版社
100层童书馆

丛书编委会

顾 问
熊保林（数学博士、北京大学附属中学高级教师）

主 编
姚峰 辛向东（北京可持续发展教育协会互联网＋跨学科专业委员会）

编 写
陈素琴 罗明 李博 王宇 马蕴杰 潘晶 宋禹迪 杨胜男

绘 图
郭思彤

图书在版编目（CIP）数据

加油吧数学. 表达式与方程 / 姚峰, 辛向东主编 ; 郭思彤绘. — 北京 : 北京科学技术出版社, 2024.3
　　ISBN 978-7-5714-3235-5

　　Ⅰ.①加… Ⅱ.①姚… ②辛… ③郭… Ⅲ.①小学数学课—教学参考资料
Ⅳ.①G624.503

中国国家版本馆CIP数据核字(2023)第176594号

策划编辑： 黄 莺
责任编辑： 郑宇芳
封面设计： 沈学成
图文制作： 旅教文化
营销编辑： 赵倩倩
责任印制： 吕 越
出 版 人： 曾庆宇
出版发行： 北京科学技术出版社
社　　址： 北京西直门南大街 16 号
邮政编码： 100035
电　　话： 0086-10-66135495（总编室）
　　　　　　0086-10-66113227（发行部）
网　　址： www.bkydw.cn
印　　刷： 北京博海升彩色印刷有限公司
开　　本： 710 mm×1000 mm　1/16
字　　数： 48 千字
印　　张： 3
版　　次： 2024 年 3 月第 1 版
印　　次： 2024 年 3 月第 1 次印刷
ISBN 978-7-5714-3235-5

定　　价：200.00 元（全 7 册）

我是**精灵爷爷**。
我有办法让数学
学习变简单。

我是**龙龙精灵**。
我擅长数学计算。

我是**皮皮精灵**。
我最喜欢帮助大家，
虽然有时会帮倒忙。

我是**罗辑**。
我喜欢数学。

我是**思薇**。
我热爱思考。

我是**字母老师**。
我是罗辑和思薇的老师。

我是**推理大师**。
我喜欢玩数学游戏。

方程教室

欢迎来到方程教室，方程的妙用你不可不知。

哇！

目　录

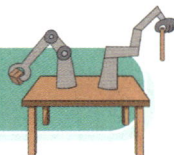

1

我在字母老师的数学书里看到过一种方法，用 x 代替未知数字来计算。
对，我也听说过这种方法。
这是什么计算方法？苹果的重量为什么可以用字母代替？
你们说的是方程。跟我来，我们一起去认识数学中的字母和方程吧！

第一章
用字母表示数

在开往数学营营地的大巴上，罗辑和思薇有了新发现……

思薇，你看那儿新开了一家肯德基！
看到了！罗辑，我考考你，你知不知道肯德基的 KFC 代表什么？
KFC 是肯塔基州炸鸡的英文 Kentucky Fried Chicken 的缩写。
啊？我还真不知道……
原来是这样。这和用 Dr 代表医生、WC 代表洗手间一样，挺好记的。
在数学中，字母的应用非常广泛。
路标显示我们距离营地还有 5 km，km 是千米的英文 kilometer 的缩写呦。

除了用单词首字母作简称外，在生活中，我们也常用单词首字母代替数量单位，比如，商品包装上常见的 g（克：gram）、kg（千克：kilogram）；饮料瓶上常见的 mL（毫升：millilitre）、L（升：litre）；在地图上常见的 m（米：meter）、km（千米：kilometer）等。

公元 3 世纪，古希腊数学家丢番图在他的著作《算术》中，第一次用音节的首字母来表示未知数量。但他的方法并没有给数学研究带来更多便利。

罗辑好奇地问字母老师："那为什么现在我们还要用字母表示数呢？"

"用字母表示数"是代数的基础知识。经过演变和发展，现在它已

用字母表示数，可以简单明了地表示生活中常见的数量关系。

请问为什么要用字母表示数呢？

丢番图

经成为重要而有效的数学思想了。它能将抽象、未知的数量关系和数字变化的规律，简单、直接地表达出来，让含有未知数字的公式和运算更容易理解。

"有了，"思薇说，"我知道怎么算出罗辑买了几斤苹果了。"

假设罗辑买了 x 斤苹果，其中1斤4元，超出的部分是（$x-1$）斤，这部分价格打5折，即原价的0.5倍或者 $\frac{1}{2}$。我们就可以列出这样的等式：

$$1 \times 4 + (x-1) \times (4 \times 0.5) = 6$$
$$x = 2$$

思薇算出罗辑买了2斤苹果。

字母老师赞赏地看着思薇说："看来你学会了怎样用字母表示特定的未知数，掌握了这种方法，很多难题都能迎刃而解。例如，知道两个人的年龄差和其中一个人的年龄，我们就能算出几年后两人年龄和是多少。"

看，又大又红的苹果，来喽！

其实，上次咱们在思薇生日礼盒的密码锁上见到的数列 1、2、3、5、（ ）中空缺的数字，也可以用字母来表示。

"还有一种情况，我们也需要用字母来表示数。"字母老师接着说，"还记得我们在数学课上做过的摆小棒练习吗？"

"我知道！"还没等字母老师说完，爱凑热闹的皮皮精灵抢先一步，

变出了好多小棒。小棒在空中搭起了一个又一个三角形。

"组成一个三角形需要 3 根小棒，两个三角形需要 6 根小棒，三个三角形需要 9 根小棒……"皮皮精灵越来越兴奋，小棒变出来的速度越来越快，三角形数量也越来越多。思薇急忙制止："停，皮皮精灵……我快数不过来啦！"

哈哈，多一点儿，
再多一点儿！

"三角形多得数不过来，"思薇叹了口气，"更别提统计小棒的数量了。"

"3、6、9……"罗辑想了想说，"其实，每多出一个三角形，就会增加 3 根小棒。就是不知道等皮皮精灵冷静下来前，会增加几个三角形。我们可以用 n 来表示三角形的数量，这样需要的小棒数量就是 $n \times 3$。"

在罗辑的"买了多少斤苹果"的问题里，字母表示的是一个不变的量。但在皮皮精灵制造的小麻烦里，三角形的数量在持续变化，小棒的数量也会随之变化。

$n \times 3$ 中的字母 n 可以表示变化的三角形的数量。同时，$n \times 3$ 就表示组成三角形的小棒随着三角形数量的变化而发生变化。

"这时，n 表示的是一个变量。"字母老师补充说。

常量和变量

在一个变化过程中，始终不变的量叫常量，而处于变化状态，可以取不同数值的量叫变量。

罗辑还没有完全理解："这里的 n 真的可以随心所欲地变吗？"

"不是这样，$n \times 3$ 中的 n 表示的是三角形的个数，所以 n 不能是小数、分数，只能是自然数。"思薇回答了罗辑的问题。字母老师补充说："有时候，字母有一定的取值范围，也就是说它只能表示一定范围内可变化的数，而不是所有的数。"

需要注意的是，在同一个数量关系中，一个字母只能表示同一个数量，其他的数量要用不同的字母表示。例如，如果 n 表示的是三角形的个数，就不能再用它来表示小棒的数量了。

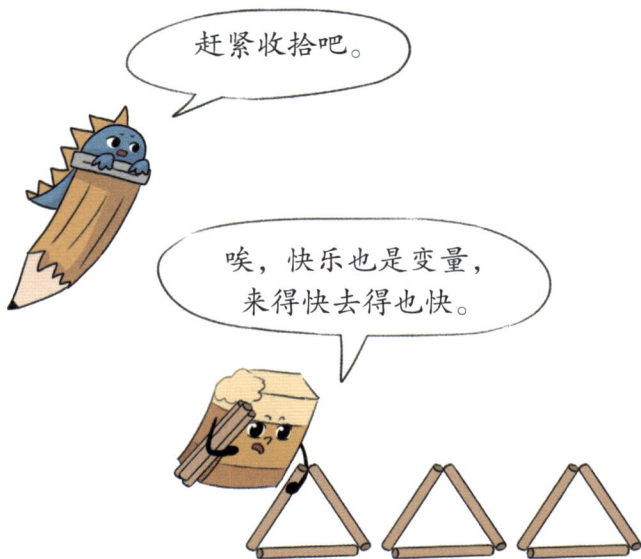

赶紧收拾吧。

唉，快乐也是变量，来得快去得也快。

他们几岁了

实践目的：

观察生活中可以用字母代替数的情况，并用这种方法解决问题。

实践步骤：

1. 调查并记录家人的年龄。

2. 用数量关系计算自己和家人的年龄差。

3. 用字母代替自己的年龄。

4. 计算自己在不同的年龄时，被调研人分别是多少岁。

你来试试：

我的年龄 ＿＿＿ 岁。

调查对象	年龄	和我的年龄差	8岁	10岁	12岁	18岁	20岁
爸爸							
妈妈							
爷爷							
奶奶							

我的发现:

我的总结:

和差类年龄问题的
解题关键是两人的年龄差
是一个不变的量。

法国数学家弗朗索瓦·韦达是第一个系统地用字母表示数的人，在他之前，斐波那契就已经在运算中用字母表示数了。弗朗索瓦·韦达的高明之处在于：首先，他认为用来表示数的字母只是符号而已，哪怕将字母换成一张纸、一块石头也丝毫不影响所列算式的意义；其次，他将数学符号与字母结合，在含有未知数的等式中，明确地使用了"+""-"运算符号，进一步推动了方程论的发展。

从丢番图用物品名称的音节首字母来表示数，到弗朗索瓦·韦达把字母当作符号来表示数，这个过程整整用了1200年！

中国金元时期，设未知数，继而建立方程的"天元术"也逐渐趋于完整和系统。数学家李冶在他的《测圆海镜》中提到了"天元术"的使用方法，其中的"元"指的是未知数，"立天元一"就是"设未知数为 x"。这比欧洲代数方程早出现了400多年。

今天开始，你们可以表示已知数和未知数了！

x y α β γ δ θ Ω

弗朗索瓦·韦达

这就是现在我们常说的设未知数为 x。

立天元一为某某。

李冶

趣味数学练一练

　　思薇和罗辑到达数学营营地时，耳边传来一个小朋友的歌声："一只青蛙一张嘴，两只眼睛四条腿……"他们一下子就想到了用字母表示数的方法。

　　如果有 n 只青蛙，怎么用字母代替数表示青蛙嘴巴、眼睛和腿的数量呢？n 只青蛙_____张嘴，_____只眼睛，_____条腿。

答：n 只青蛙 n 张嘴，$2n$ 只眼睛，$4n$ 条腿。

第二章
用字母表示等量关系

数学营正在举办一个看起来很酷的展览——新能源汽车展。罗辑拉着思薇去看展览……

哇！电动汽车的时速竟然可以达到 300 多千米！

我们刚才乘坐的大巴也是电动汽车，我看见车尾还贴着标志呢。

可是，我们来的路程才 30 千米，却用了 1 个多小时呦。

大巴车没开那么快，是因为堵车吧。

限速
100
km/h

那是限速标志，表示车辆的行驶速度不能超过 100 千米 / 时。

路程、时间和速度之间的关系，可以用字母表示吗？

要不是等你们，我早就到了。我的速度，无人能敌！

"当然可以！"字母老师说，"别急。谁能先算出我们这次乘坐大巴的平均速度是多少呢？"

营地距离出发点 30 千米，车开了 1.2 个小时。用"路程 ÷ 时间 = 速度"这个公式，罗辑和思薇几乎同时算出了大巴的平均速度是 25 千米 / 时。

罗辑忍不住抱怨道："太慢了。""慢是慢了点儿，但我们都安全到达了营地，这才是最重要的。"字母老师想了想，又问，"如果大巴的速度是 50 千米 / 时，我们花多长时间就能到营地了呢？"

这一次，思薇抢先回答了字母老师的问题："路程 ÷ 速度 = 时间，30 ÷ 50=0.6，0.6 小时也就是 36 分钟。"

字母老师说："不错！字母可以表示数，同样也能表示数量关系。通常情况下，路程用 s 表示，时间用 t 表示，速度则用 v 表示。"

数量关系和等量关系

通常所说的数量关系指的是两个或两个以上的数或表达式（在数学中所有的式子都是表达式）之间的关系，比如大小关系、倍数关系等。

数量关系式指的是用式子来表达量与量之间的关系，比如 a 是 b 的两倍，写成数量关系式就是 $a=2b$。

等量关系是数量关系中的一种，特指数量间的相等关系。例如路程（s）、速度（v）和时间（t）的等量关系是：

$$路程 = 速度 \times 时间 \qquad s=v\times t$$
$$速度 = 路程 \div 时间 \qquad v=s\div t$$
$$时间 = 路程 \div 速度 \qquad t=s\div v$$

字母老师补充道："公式里的乘号，经常会用一个点来代替，或者干脆把乘号省略掉。"

例如 $s=v\times t$，通常会写成 $s=vt$。

除了字母和字母相乘外，数字和字母相乘时，乘号同样可以用"·"代替，或直接省略。注意数字要写在字母前面。如，$v\times 3$ 可以写成 $v\cdot 3$ 或 $3v$。

数与数相乘时，中间的乘号不能省略。与字母相乘的数字是"1"时，"1"省略不写。如：$1\times v\times t$ 写成 vt。分数与字母相乘时，带分数要改写为假分数。如，$1\frac{1}{2}\times v\times t$ 写成 $\frac{3}{2}vt$。

用含有字母的式子表示商的时候，被除数一般写成分子，除数一般写成分母。如，$s \div t$ 写成 $\dfrac{s}{t}$。

式子里有加号或减号时，需要把含有字母的式子先用括号括起来，再在括号外写单位名称。如，$(vt+2vt)\,km$。

"都学到用字母表示数量关系啦！你们学习的速度真快。"精灵爷爷突然说话，把罗辑和思薇吓了一跳，"有个细节不知道你们注意到了没有？不管路程、时间和速度的数值怎样变化，它们之间的关系都是不变的。在生活中，我们会遇到各种有未知数的情况，这时，只要了解数量之间的关系，用字母表示出数量关系，再把字母表示的、已经知道的数值代入公式里，就能计算出未知的数值。"

"考考你们，"字母老师拿出一个表格，表格上有些地方是空白的，"罗辑、思薇，看看谁能在空白处列出含有未知数的式子。"

速度（千米／时）	时间（小时）	路程（千米）
60	x	
	6	y
b		180

"你们慢慢想，我俩出去比个赛，看谁是'V王'！"皮皮精灵说完就和龙龙精灵冲了出去。"'V王'是什么？"罗辑和思薇不解地问。"v 不是代表速度吗，皮皮精灵这是觉得自己拥有不可战胜的飞行速度了。"精灵爷爷说。

两个斗志昂扬的小精灵一走，罗辑和思薇立马结合字母老师和精灵爷爷讲的内容，思考了起来。

我是无敌"V王"，在座的各位都不是我的对手！

哼！

表格第一行里，已知速度和时间：

$$v=60, \quad t=x$$

路程就是：

$$s=vt=60x$$

表格第二行里，已知路程和时间：

$$s=y, \quad t=6$$

速度怎样表示也呼之欲出了：

$$v=s \div t=\frac{y}{6}$$

表格第三行里，已知路程和速度：

$$s=180, \quad v=b$$

时间应该是：

$$t=s \div v=\frac{180}{b}$$

不一会儿，两人就算出了答案。精灵们也回到了展馆内。

"谁赢了？"罗辑问。"看他俩的表情就知道了。"精灵爷爷哈哈大笑。罗辑一看，皮皮精灵哭丧着脸，龙龙精灵想笑却又不好意思地忍着。罗辑一看，心里就有了答案。"三局两胜，我也赢了一局！"皮皮精灵不服气地大声说。

"好了好了。你俩的速度都很快。罗辑和思薇也不错，这么短的时间就掌握了用字母表示数量关系。"看了罗辑和思薇填好的表格，精灵爷爷夸赞道。

"那么，还有一个问题不知道你们俩注意到没有。表格里代表时间的 x、代表路程的 y、代表速度的 b，可以表示哪类数呢？"精灵爷爷问道。

这个问题也太简单了，罗辑不假思索地说："字母不是可以表示任何数吗？整数、小数、分数、百分数、负数……所有数都可以用字母当'马甲'吧。"

"这样说也对也不对。前面提到过，字母表示的数，往往有'取值范围'。字母能否表示任意数，要根据具体的情境而定。 例如，用字母表示人数的时候，这个字母的取值范围就只能是正整数。"

听听，你们说的什么话！

0.8 个皮皮精灵出现了！

哈哈……

除了路程的数量关系，生活中常用到的数量关系还有：

收支关系
收入（a）、支出（b）、结余（c）

收入 − 支出 = 结余　　$a-b=c$

支出 + 结余 = 收入　　$b+c=a$

收入 − 结余 = 支出　　$a-c=b$

价格关系
单价（a）、数量（b）、总价（c）

单价 × 数量 = 总价　　$a\times b=c$

总价 ÷ 单价 = 数量　　$c\div a=b$

总价 ÷ 数量 = 单价　　$c\div b=a$

份数关系
每份数（a）、份数（b）、总数（c）

每份数 × 份数 = 总数　　$a\times b=c$

总数 ÷ 每份数 = 份数　　$c\div a=b$

总数 ÷ 份数 = 每份数　　$c\div b=a$

工效关系
工作效率（a）、工作时间（b）、工作总量（c）

工作效率 × 工作时间 = 工作总量　　$a\times b=c$

工作总量 ÷ 工作效率 = 工作时间　　$c\div a=b$

工作总量 ÷ 工作时间 = 工作效率　　$c\div b=a$

在不同的数量关系中，同一个字母可以表示不同的数量。

做经费预算

实践目的：

观察并分析如何用字母表示倍数关系，学习做简单的预算。

实践步骤：

1. 调查家庭伙食费，算出平均每天花多少钱。

2. 用字母 n 表示每天伙食费。

3. 计算不同的天数下，需要准备多少钱作为伙食费用预算。

你来试试：

平均每天伙食费_____元。

	3天	1个星期	1个月	1个季度	1年
用字母表示	$3n$				
预算金额					

我的发现：

我的总结：

注意年、月等时间单位和天数的换算关系哟。

罗辑想起精灵爷爷带他们了解过的数的运算性质和定律，但现在看来，长篇大论不如用字母表示更简单明了。

加法   **交换律** $a+b=b+a$ **结合律** $a+b+c=a+(b+c)$

减法   **运算性质** $a-b+b=a$ $a-b-c=a-(b+c)$ $a-(b-c)=a-b+c$

乘法
   交换律 $a\times b=b\times a$
   结合律 $a\times b\times c=a\times(b\times c)$
   分配律 $(a+b)\times c=a\times c+b\times c$

除法   **运算性质**
$a\div b\div c=a\div c\div b\ (b\neq 0,\ c\neq 0)$
$a\div b\div c=a\div(b\times c)$
$a\div b=(a\div c)\div(b\div c)(c\neq 0)$
$a\div b=(a\times c)\div(b\times c)(c\neq 0)$
$a\div b=c$ $a\div c=b$

柜台里摆放的纪念品吸引了罗辑的注意力，可是价签被弄脏了，看不清价格。工作人员只记得平衡球比牛顿摆球便宜 5 元，不倒人比牛顿摆球贵 2 元，混沌仪价格是牛顿摆球的 3 倍。怎样用字母表示这 4 个纪念品之间的数量关系呢？如果每样纪念品买 1 个，总价应该怎样表示呢？

假设牛顿摆球的价格为＿＿＿＿，那么，混沌仪的价格是＿＿＿＿，不倒人的价格是＿＿＿＿，平衡球的价格是＿＿＿＿，每样纪念品买一个，总价是＿＿＿＿。

牛顿摆球　混沌仪　平衡球　不倒人

答：假设牛顿摆球的价格为 x，那么，混沌仪的价格是 $3x$，不倒人的价格是 $x+2$，平衡球的价格是 $x-5$，每样纪念品买一个的总价是 $x+3x+(x+2)+(x-5)=6x-3$。

第三章
方程式和解方程

在测量工具展台前，罗辑和思薇发现了上科学课时用过的天平。哈哈，这多像我们玩过的……

"跷跷板和天平一样，需要两边的物体重量相等才能保持平衡。"字母老师说，"在数学中，我们可以用等式来表示这种相等的关系。如果等式中有未知数，我们就叫它方程。"

"原来这就是方程啊！看来我们这一路上，接触到不少方程呢。"思薇开心地说。

数学加油站

等式和方程

表示左右两边相等关系的式子叫等式，中间用"="连接相等的两个量或者两个表达式。含有未知量的等式叫方程。

"那是不是说，方程一定是等式，等式却不一定是方程？"罗辑思考了一下说，"看来，只有先了解等式的性质，才能知道方程的性质。"

"这个思路很不错嘛！那你打算怎么开始研究呢？"字母老师问道。

"用天平！"罗辑和思薇异口同声地说。

好在数学营的营地里不缺设备，两人很快就借到了一个天平。

思薇兴致勃勃地拿起砝码开始研究。她先在天平左边托盘放了一个小木块，又在右边托盘放上 1 个 10 克的砝码。天平马上向右边倾斜。"怎么办？砝码比木块重……"思薇着急地求助。罗辑一看，赶紧把砝码换成 1 个 5 克的。这时，天平平衡了。

如果把天平左边托盘物体的重量设为 x，那么，用字母表示这个过程中的数量关系是：$x < 10$ 和 $x=5$。

上面这两个式子，哪个是方程呢？

符合既是等式，又含有未知数这两个条件的式子，只有 $x=5$。像 $x < 10$ 这样左右两边不相等的式子是不等式。一般用数学符号"<""＞""≤""≥""≠"表示数量间的大小关系。

字母老师往右边的托盘里放了 2 个 5 克的砝码，然后问道："该怎么做才能让天平恢复平衡呢？"

"我来！"罗辑说着，往左边的托盘里放了 2 个木块。

"如果两边同时拿掉相同重量的东西，"思薇问道，"天平还会保持平衡吗？"思薇边说，边从左边的托盘里拿出 1 个木块，又从右边的托盘里拿出 1 个砝码。最后天平平衡了。

"天平两边同时增加或减少相同重量的物体，天平保持平衡。如果说天平平衡代表数量关系相等。那等式也是这样的性质吗？"罗辑问。

"是什么样的性质呢？"字母老师追问道。

"等式两边同时加上或者减去相同的数，等式依然成立。"思薇回答。"方程是等式，所以这也是方程的性质。"罗辑补充道。

在一旁安静了没多久的皮皮精灵和龙龙精灵对天平也产生了兴趣。龙龙精灵往天平左边的托盘里放 1 个木块，皮皮精灵就往右边的托盘放一个 5 克的砝码。

这俩小家伙你一个我一个地往天平上放木块和砝码，等他俩停下来时，天平左边的托盘里已经堆了 20 个木块，天平右边的托盘里也满满当当地放着 20 个 5 克的砝码。

"哎？我记得相同的数相加，可以用乘法表示，用 x 代替 1 个木块的重量，"思薇说，"从龙龙精灵和皮皮精灵的混战现场来看，等式的两边同时乘相同的数，等式应该也成立。"

木块 ×20=5g 砝码 ×20
$$20x=5×20$$

我来收拾木块和砝码。

且慢！我有了新发现！

"对，等式的两边同时乘或除以相同的数，等式仍然成立。"字母老师肯定道，"但这个数不能是 0。"

等式的基本性质

等式两边同时加上或者减去相同的数，等式依然成立。

等式两边同时乘或除以相同的，不为 0 的数，等式仍然成立。

"了解等式的性质有什么用呢？"思薇问道。

"你记不记得，方程是等式，所以它具有和等式一样的性质。了解了这点，我们就可以解方程了！"字母老师提醒道。

"解方程是什么意思呢？"思薇还是第一次听到这个词。

"我知道！"罗辑自告奋勇地讲解起来，"我就以算出 $x+8=50$ 这个方程中 x 是多少为例，演示什么是解方程。"

$$x+8=50$$
$$解：x+8-8=50-8$$
$$x=42$$

思薇看着这个计算过程，感觉很熟悉："罗辑，我好像懂了，你看这个过程是不是特别像我们从天平的两边同时往下拿东西。"

"没错！"罗辑赞同地点了点头，"这就是用等式的基本性质来解方程！等式的两边同时减去 8，两边依然相等，左边剩下了 x，右边是 42，所以 $x=42$ 就是方程的解。"

"啊，你们在说什么？"皮皮精灵听到罗辑和思薇的对话里一会儿出现"解方程"，一会儿又出现"方程的解"，感到有些疑惑。

解方程和方程的解

解方程是根据等式性质，结合四则运算的性质和规律，通过计算得出方程的解的过程。

方程的解是能够让方程左右两边相等的未知数的值。

这是方程的解。
$x=42$

这是解方程。
$x+8=50$
解：$x+8-8=50-8$
$x=42$

$x=42$ 真的是方程 $x+8=50$ 的解吗？

当然，$x=42$ 时，$x+8=42+8=50$，我已经验算过了。

"验算是个好习惯，把解出的未知数的值代入原方程，方程的左边等于右边，那么这个值就是方程的解。"字母老师说道，"这就是方程的解的检验方法。"

计算班级中女生人数

学校还有一个班没有订购校服，罗辑和思薇需要帮字母老师调研该班女生人数。

该班有男生 20 人，男生的人数比女生的 2 倍还少 6 人。

实践目的：

列出方程并求出方程的解。

实践步骤：

1. 了解班级中男生、女生人数和班级人员总数之间的等量关系。

2. 根据等量关系列出方程。

3. 解方程，并检验方程的解。

你来试试：

设女生有_____人，根据题意列方程为_____。

解：

检验：

我的发现：

我的总结：

成功的关键，在于
不断学习和实践。

列方程和解方程是人类对数字之间关系的探索和挖掘。"啊哈，它的全部，它的 $\dfrac{1}{7}$，它们的和是19。"这是古埃及人写在莎草纸上的话。这句话证明了人们对方程的研究由来已久。如果用"x"来代替"它"，这个方程的模样就清晰可见了。

$$x+\dfrac{1}{7}x=19$$

无独有偶，中国古代数学著作《九章算术》收集整理的两百多个应用题中，就有多个包含未知数的方程题。三国时期的数学家刘徽在《九章算术》的基础上，提出了更加全面的方程论。他认为"程"就是关系式，所求之物有几个，就需要列几个"程"。这些并列的"程"，像一个方阵，所以就叫方程。这里的所求之物，就是未知数。

除了方程的个数和未知数的个数必须一致外，刘徽还提出任意两个方程的系数不能相同或者成比例。这两个原则使得同一组方程有唯一的解。在不断完善方程理论的过程中，刘徽还发现所求之物的个数如果多于方程的个数，那方程组的解就不是唯一的。

《九章算术》里虽然提到了"方程"这个词，但并没有用字母代替数和等量关系的表达式，而是通过画出一个个等式来计算答案。

用逻辑推理来论证数学命题，太酷啦！

刘徽

17 世纪时，法国数学家笛卡儿最早提出了用 x、y、z 这样的字母来表示未知数，把这些字母和普通数字同样看待，用运算符号和等号把字母与数字连接起来，形成含有未知数的等式。经过不断地简化和改进，方程逐渐演变成现在的表达形式。

趣味数学练一练

在开往营地下一站的大巴上，字母老师看思薇和罗辑还在研究解方程的问题，于是给了两人一个"魔盒"。想要获得"魔盒"中的解方程秘籍，就要通过解方程获取密码，快来帮帮他们吧。

$$x+13=26-7 \qquad y+15=16+3 \qquad 2z+1=17$$

答：$x=6$，$y=4$，$z=8$。

第四章
列方程解决问题

大家来到了户外活动场地，推理大师正等着大家，他身后有一群人在呐喊助威。罗辑和思薇征得字母老师同意后，跑了过去……

奔跑无止尽，机器人接力跑竞赛

思薇，快看比赛选手！

哇！

机器人跑得可真快啊！

不知道机器人冠军的速度是多少？

列方程？

这好办，知道时间和路程，我们就可以列方程解决问题。

"罗辑，你看，在刚才进行的接力跑比赛中，机器人小队共跑了400米，用时100秒。如果要计算机器人的平均速度，用路程、时间、速度数量关系公式'速度 = 路程 ÷ 时间'就可以算出来了。"

$$400 ÷ 100 = 4（米／秒）$$

思薇觉得这个问题很简单，不用列方程。

罗辑对这个说法不完全同意，他试了试列方程解决问题。

设机器人速度为 x 米／秒。

$$100x = 400$$
$$100x ÷ 100 = 400 ÷ 100$$
$$x = 4$$

设未知数时要写清单位，方程的解 $x=4$ 就不要写单位名称了，因为这里 $x=4$ 表示的是未知数，而不是数量。

"你不觉得这样做很复杂吗？"思薇并不觉得罗辑的做法有多高明。罗辑无法反驳。

"可能因为这个数量关系比较简单，没有发挥出列方程的优势，"一直在这个营地等候的推理大师解释道，"不如看看我遇到的这个情况吧。"

刚才在等罗辑和思薇的时候，推理大师在智能机械臂展馆看到这样一个展台。展台里有两款智能分拣机械臂。两台机械臂共同完成分

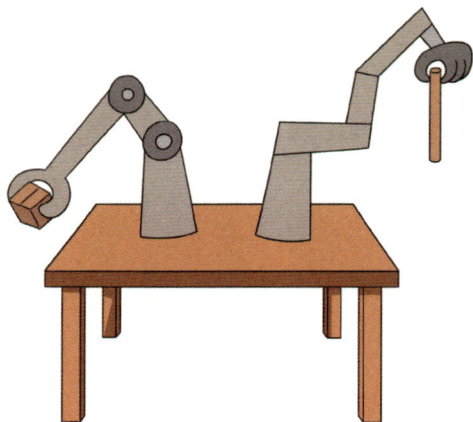

拣杂乱物品的工作，只用 10 分钟就能分拣 1200 件。经过多次优化和改良，二代机械臂比一代机械臂每分钟多分拣 50 件物品。

"那么，一代和二代智能机械臂每分钟各自能分拣多少件物品呢？"推理大师请罗辑和思薇来算一算。

有未知数和数量关系，罗辑决定还是列方程。

设二代机械臂每分钟分拣 x 件物品，则一代机械臂每分钟分拣 $x-50$ 件物品，根据推理大师说的情况，可以得知：

$$10x+10（x-50）=1200$$
$$10x+10x-500=1200$$
$$20x=1700$$
$$x=85$$
$$x=85，x-50=35$$

很快，罗辑就算出了一代和二代机械臂每分钟分别可以分拣物品的件数。然而，没有用方程的思薇对这个问题仍然束手无策。

当数量关系比较简单的时候，直接推算确实更快。但数量关系较为复杂的时候，列方程就能体现出优势。

列方程组解决问题

实践背景:

在《九章算术》里,汉朝的数学家记录了这样一个问题:上等稻子 3 捆,中等稻子 2 捆,下等稻子 1 捆,共能打出 39 斗米;上等稻子 2 捆,中等稻子 3 捆,下等稻子 1 捆,共能打出 34 斗米;上等稻子 1 捆,中等稻子 2 捆,下等稻子 3 捆,共能打出 26 斗米,那么,上等、中等、下等三种稻子各能打出多少斗米呢?

实践目的:

列出方程组并求出方程的解。

实践步骤:

1. 找出这个问题中隐藏的等量关系。

2. 根据等量关系列出相关方程。

3. 解方程,并检验方程的解。

你来试试:

设上等稻子能打出_____斗米,中等稻子能打出_____斗米,下等稻子能打出_____斗米,根据题意列方程为_____,_____,_____。

解:

检验:

我的发现：

我的总结：

未知数变多了，加油！

在方程里，未知数被称为"元"。一元方程是指方程里含有一个未知数，二元方程里含有两个未知数，有两个及两个以上未知数的方程则被统称为"多元方程"。

我们在用列方程来解决生活中遇到的问题时，经常会碰到存在多个未知数的情况。一般来说，未知数有多少个，就必须列出多少个方程。以罗辑解决的机械臂分拣物品数量的问题为例，更规范的方式是设二代机械臂每分钟分拣 x 件物品，一代机械臂每分钟分拣 y 件物品，根据题意列出两个方程：

① $10(x+y)=1200$

② $x-y=50$

这两个方程就是二元一次方程（也可以叫多元一次方程）。这两个方程组成了方程组。方程组又叫"联立方程"，是把多个方程放在一起研究，其中的未知数需要使方程组里的每一个方程的等量关系成立。

走走，走走走，我们小手拉小手……

方程组里好像混进了两个不明身份的人。

方程组用消元法来求解，常用的有代入消元法和加减消元法。

代入消元法是利用等量关系，用含有一个未知数的式子来表示另一个未知数，然后代入另一个方程里，把这个方程变成一元一次方程来求解：

前面的方程组中，从②可以得出 $x=50+y$，将其代入①就是 $10(50+y+y)=1200$，简化后就得到了方程 $50+2y=120$。

加减消元法就是通过把两个方程中某个相同未知数的系数化为相加或是相减后可以消除的数，再把两个方程相加或相减求解：

②左右两边同时乘以 10，得到方程 $10(x-y)=500$，将这个方程与①相加，得到 $10(x+y)+10(x-y)=1200+500$，简化后得到方程 $20x=1700$。

不管用到哪种方法，最后方程组的解都是 $x=85$，$y=35$。

趣味数学练一练

罗辑和思薇到小超市给大家买水。有人要饮料，有人要矿泉水，要买的矿泉水比饮料多 4 瓶。饮料每瓶 3 元，矿泉水每瓶 2 元。买水一共花了 78 元。你知道他们买了几瓶矿泉水，几瓶饮料吗？

答：两人买了 14 瓶饮料，18 瓶矿泉水。

加油吧 数学

⑦数学综合应用

姚　峰　辛向东　主编

郭思彤　绘

北京科学技术出版社
100层童书馆

丛书编委会

顾 问
熊保林（数学博士、北京大学附属中学高级教师）

主 编
姚峰 辛向东（北京可持续发展教育协会互联网＋跨学科专业委员会）

编 写
陈素琴 罗明 李博 王宇 马蕴杰 潘晶 宋禹迪 杨胜男

绘 图
郭思彤

图书在版编目（CIP）数据

加油吧数学. 数学综合应用 / 姚峰, 辛向东主编 ; 郭思彤绘. — 北京 : 北京科学技术出版社, 2024.3

ISBN 978-7-5714-3235-5

Ⅰ. ①加⋯ Ⅱ. ①姚⋯ ②辛⋯ ③郭⋯ Ⅲ. ①小学数学课—教学参考资料 Ⅳ. ①G624.503

中国国家版本馆CIP数据核字(2023)第176590号

策划编辑：黄 莺
责任编辑：郑宇芳
封面设计：沈学成
图文制作：旅教文化
营销编辑：赵倩倩
责任印制：吕 越
出 版 人：曾庆宇
出版发行：北京科学技术出版社
社 址：北京西直门南大街 16 号
邮政编码：100035
电 话：0086-10-66135495（总编室）
 0086-10-66113227（发行部）
网 址：www.bkydw.cn
印 刷：北京博海升彩色印刷有限公司
开 本：710 mm×1000 mm 1/16
字 数：50 千字
印 张：3
版 次：2024 年 3 月第 1 版
印 次：2024 年 3 月第 1 次印刷
ISBN 978-7-5714-3235-5

定 价：200.00 元（全 7 册）

我是**精灵爷爷**。
我有办法让数学学习变简单。

我是**龙龙精灵**。
我擅长数学计算。

我是**皮皮精灵**。
我最喜欢帮助大家，虽然有时会帮倒忙。

我是**罗辑**。
我喜欢数学。

我是**思薇**。
我热爱思考。

我是**字母老师**。
我是罗辑和思薇的老师。

我是**推理大师**。
我喜欢玩数学游戏。

综合应用教室

哇!

欢迎来到综合应用教室,学会用数学思维思考世界。

目 录

1

假期到了，罗辑和思薇去拜访推理大师。推理大师打开了电视。

过桥比赛

唉……

哇!

兔子赢了!
兔子又赢了!
还是兔子赢了!

第一章
行程里的数学

罗辑和思薇想弄清这场比赛是否公平……

听了精灵爷爷的建议，罗辑和思薇决定试一试。

罗辑把练习册当作桥，把铅笔当作蛇，模拟动画片中的比赛。蛇要想完成赛程，就要从头上桥时开始，到尾尖离开桥后结束。罗辑又把橡皮当作兔子，模拟了完整的比赛。罗辑发现它们都要多走一段和自己身长相等的路程。

"蛇说得有道理，"思薇认真地看完罗辑的演示说，"这场比赛确实不公平。""是的，陷阱就藏在规则里。"罗辑也为蛇鸣不平。根据比赛规则的要求，兔子和蛇完成比赛要走过的路程除了桥的长度外，还要加上各自的身长。兔子就是利用蛇身体比它长这一点，屡战屡胜。

"故事是虚构的，但在现实生活中，我们常会遇到类似的情况，"精灵爷爷说，"还记得之前学校组织旅游，你们乘坐的火车要经过一座大桥吗？"

"对，推理大师还留给我们一个问题作为假期数学实践活动呢。"思薇说。

火车共有20节车厢，每节车厢长25米，每两节车厢之间相隔1.5米。这列火车以每分钟2.5千米的速度穿过一座桥，恰好用了2分钟。这座桥有多长？

"这个问题和蛇过桥的情况很像啊。"罗辑突然明白精灵爷爷为什么提起这件事了。"我们画个线段图吧，这样更好理解。"思薇拿过罗辑刚才演示蛇过桥问题的练习册和笔画了起来。

"画线段图的方法确实挺好用！"刚开始还皱着眉头思考怎么计算桥长度的罗辑，在看过思薇画的图后，思路立刻变清晰了。他一边在草图上比画一边说："火车行驶的实际路程是桥的长度与火车长度的和。"

行驶路程

桥长

车长

"只要知道了另两个数量，不就可以计算出桥的长度了吗？先算出火车行驶的实际路程吧！"思薇说道。

这列火车以每分钟 2.5 千米的速度行驶过桥，恰好用了 2 分钟。那么实际路程如下。

实际路程 =2.5×2=5（千米）

"接下来，计算火车的长度，"罗辑也算了起来，"车厢的长度 × 数量 = 车身长。""不对！"思薇打断他的话说道，"每两节车厢之间还有 1.5 米的间隔，这得算进火车的长度里。"思薇追问道："间隔的总长度是多少呢？"

他俩总算不折腾我们了。

你忽略了一个细节！

"记不记得我们之前遇到过的植树问题？"精灵爷爷在旁边提醒。

"在植树问题里，间隔数 = 树的棵数 −1。如果把车厢当成树，间隔的数量问题就迎刃而解了。"思薇灵机一动，"一共有 20 节车厢，它的间隔数就是 19 个。用 19 乘以每个间隔的长度，也就是 1.5 米，就能知道间隔的总长度了。"

把车厢的总长度与间隔的总长度相加就得到了火车的长度：

$$25 \times 20 + 1.5 \times 19 = 528.5（米）$$

"这样，桥的长度不就能算出来了吗？火车行驶的路程是 5 千米……"罗辑觉得这个问题也没想象中那么难了，"等等，还要换算单位再减去火车长度。"

$$5000 − 528.5 = 4471.5（米）$$

桥的长度是 4471.5 米。

保持距离，不要追尾哟。

别说话，把我当成一棵树。

"这个问题也可以用别的方法来解决！"精灵爷爷提出了新的挑战。

"对，有未知的数和数量关系，可以用方程来计算。"思薇说道。

把桥的长度设为 x 米。实际路程 = 桥的长度 + 车身长，那么可以列出如下方程。

$$x+25 \times 20+1.5 \times 19=2500 \times 2$$
$$x=4471.5$$

"车厢长度、车厢间间隔长度等都不好测量，"精灵爷爷接着说，"我们比较容易获得的数据是行驶时间。如果一列火车完全通过长 530 米的桥需要 40 秒，以同样的速度穿过长 380 米的山洞用了 30 秒，怎样才能算出火车的车长？"

"这该怎么算啊？"皮皮精灵小声嘟囔着。

"桥和山洞的长度不同，通过这两个路段的时间也有长有短。"在思薇的提醒下，罗辑发现了突破口，"差值！火车过桥的时间比穿山洞的时间长了 10 秒。桥比山洞长 150 米。也就是说，火车 10 秒行驶了 150 米，它的速度是 15 米 / 秒。"

过桥

实际路程 = 桥的长度 + 车身长

$15 \times 40=530+$ 车身长

车身长 $=600-530$

$=70$（米）

钻山洞

实际路程 = 山洞长度 + 车身长

$15 \times 30=380+$ 车身长

车身长 $=450-380$

$=70$（米）

生活中的过桥问题

实践目的：

观察车辆怎样过立交桥，强化对过桥问题的理解。

实践步骤：

1. 选择一座立交桥，在安全的地方观察车辆完全通过立交桥时所走过的路程和所用时间。

2. 在网上查询立交桥的长度，结合不同车辆过立交桥所用时间，计算车身长度。

3. 结合观察，思考怎样调整比赛规则，对动画片中的蛇更公平。

你来试试：

立交桥长_____米。

车辆	过桥用时	车身长度
红车		

我的发现：

我的总结：

是的，比如红车什么时候才能追上前面的白车。

车辆过桥的过程中，还有很多我们可以思考的问题

拓展与思考

　　过桥问题只是数学"行程问题"中的一种，也是容易出错的问题之一。在所有行程问题中，要先弄明白路程、速度和时间这三个基本量的关系：路程＝速度×时间，再来解决具体问题。

　　解决过桥问题时要明确的关键点是实际路程。

　　在动画片里，兔子利用了过桥问题中，实际路程不同这一关键点，给蛇设计了一个圈套。

吃一堑，长一智。

再也不会上兔子的当了！

　　除了过桥问题外，行程问题还包含十多种类型。相遇问题、追及问题也是两种比较常见的行程问题。

　　两个物体从两个地方出发，面对面移动，经过一段时间后，两个物体就会相遇，这是基本的相遇问题。解决这种问题的关键是得出两个物体的速度之和，再根据数量之间的关系，如路程＝速度的和×相遇时间，得出其他数量。

　　两个物体一前一后朝着相同方向移动，后者多久能追上前者，这是基础的追及问题。解决这种问题的关键是弄清两个物体的速度差和路程差。追及问题的数量关系是：路程差＝速度差×追及时间。

操场上正在进行百米跑测试，罗辑到达终点时，思薇距终点还差 1 米。第二次测试，罗辑在起跑线处退后 1 米，与思薇同时起跑。这次，谁会先到达终点呢？

答：罗辑先到。

第二章
购物中的数学

推理大师准备给罗辑和思薇做一顿丰盛的午餐，在他施展厨艺的这段时间里，罗辑和思薇打算去附近的超市买果汁……

小区里就有三家超市，你们俩不要跑出小区哟。
百姓超市
和谐超市
红星超市
我们去哪家买果汁呢？
我们先看看果汁的价格吧。
百姓超市
红星超市
反正时间还早，这三家超市离得也挺近，不妨货比三家！

罗辑和思薇先走进百姓超市，他们很快选好了要买的果汁。这款果汁大瓶 1200 mL，原价 10 元，小瓶 200 mL，原价 2 元。

"小朋友，来买果汁吗？现在这款果汁买一大瓶送一小瓶！"百姓超市的老板笑眯眯地说。"要不就在这家买吧？"罗辑向思薇征求意见。"别着急，精灵爷爷告诉我们要货比三家。"思薇悄悄地对罗辑说。于是，他们又去了旁边的和谐超市。

"欢迎光临，本超市购物满 30 元打 8 折！"和谐超市的老板很热情地招呼他们。不过，思薇和罗辑还是去了趟红星超市。

"本店全场打 9 折，小朋友们想买什么？"红星超市的老板向他们招手。

数学加油站

打折是降低商品价格的优惠行为。折扣是多少，实际价格就是原价的十分之几或者百分之几十，如打 8 折就是实际价格为原价的 80%。实际价格 = 原价 × 折扣，如原价 10 元的商品打 8 折，实际价格就是 8 元。

"每家超市都有优惠活动，太难选了。"罗辑犹豫不决。

同一款果汁在三家超市的标价相同，但促销方式有所不同。龙龙精灵回忆道："百姓超市买一大瓶送一小瓶，只买小瓶没有优惠。和谐超市满 30 元打 8 折，购物总金额等于或超过 30 元，才能享受优惠。红星超市全场 9 折，也就是说无论买几件商品，都可以按折后的价格购买。"

"如果不考虑促销活动，买哪种规格的果汁更划算呀？"皮皮精灵问。

"当然是大瓶的。大瓶的容量是 1200 mL，等于 6 瓶小瓶的容量，买 6 瓶小瓶的果汁一共需要 12 元，比买一瓶大瓶果汁多花 2 元呢！"思薇说。

唉，怎么选啊？

"如果按照大瓶的价格计算，1 元钱可以买到 120 mL 果汁；如果按照小瓶的价格计算，1 元钱只能买到 100 mL 果汁。这么看来买大瓶的划算。"罗辑用自己的方式计算了一下，表示同意。

"罗辑的方法是计算花同样的钱，各能买到大瓶和小瓶中多少毫升的果汁。在生活中，很多商品都遵循同种商品大包装更划算的定价规律。你们用不同的方法计算，都总结出了这一规律。"精灵爷爷说。

同种饮料，大包装的包装、运输、人工等成本比小包装的低，所以大包装的比小包装的更优惠。其实，你如果在超市里认真观察一下就会发现，不仅仅是饮料，大米、薯片等商品也会按照这样的规律定价。

"既然买大瓶的饮料更划算，为什么还要生产小瓶的呢？"罗辑不解地问。"是不是因为大瓶的饮料太重了啊，"思薇解释说，"或者喝不完坏掉了很浪费。"

最大的那瓶果汁归我啦！

大瓶的饮料是实惠，但不适合随身携带。

"我们去哪个超市买果汁呢？"思薇可没忘记他们出来的目的。

"如果只买一瓶小瓶的果汁，我们可以去红星超市。因为在百姓超市只买小瓶果汁没有优惠，在和谐超市购物金额不满30元不打折。在这两家超市买一瓶小瓶果汁都需要2元钱。红星超市全场9折，只花1.8元就可以买一瓶小瓶的果汁了。"思薇说。

哇，你算得真快。

"要是买一大瓶加一小瓶果汁呢？"精灵爷爷问。

"我会去百姓超市，买大赠小，只需要10元钱。和谐超市既没有折扣，也没有赠品，我们得多花2元钱。在红星超市打折后的价格是10.8元，比去百姓超市买贵了8角。"罗辑脑瓜转得飞快，很快就有了结论。

"看来货比三家比的不只是对比商品定价，还得根据购物数量，对比优惠力度啊。"思薇说。

"根据就餐的人数，我估算了一下，我们买3大瓶果汁应该就够了。"龙龙精灵说道。"那我们去百姓超市买吧！"皮皮精灵兴奋地说，"还能获赠3小瓶果汁！""皮皮精灵！这么多果汁谁喝得完呀！"龙龙精灵摇了摇头。

"龙龙精灵说得对，推理大师还做了饭菜，咱们不能光喝果汁呀。"精灵爷爷说，"利用数学知识省钱很重要，但不浪费食物更重要。"

呜呜——我再也不贪心了！

如果去百姓超市买，只花 30 元钱就能买到 3 大瓶和 3 小瓶果汁，共 6 瓶果汁，确实划算，但买多了容易造成浪费。

"那我们去和谐超市买吧，"思薇说，"3 大瓶的果汁，按照标价来算，共 30 元，比起 9 折，当然是打 8 折后价格更低。"

> 和谐超市总价：30×0.8=24（元）
>
> 红星超市总价：30×0.9=27（元）

"没错！"罗辑也同意这个方案。

"我们买完果汁就赶紧回去吧。"思薇提醒大家。

"丁零零——"罗辑的手机突然响了起来，是推理大师打来的电话。

你们还没买果汁吧？要不我们出去吃？

生活中的促销

实践目的：

了解促销的类别和它们的含义。理解折扣和满减等促销活动里的数学问题。

实践步骤：

1. 在超市里观察和记录不同的促销信息。

2. 将促销活动分类。

3. 计算并对比，买原价相同的商品时，怎样利用不同的促销活动省下更多的钱。

你来试试：

促销信息	促销的类别	实际价格

我的发现：

我的总结：

购物有礼
满99减19
会员享3倍积分

满400
减100
满800
减200

全场折

注意，要在大人的陪同下做调研哟！

哇！又是打折又是满减，要怎么选呢？

拓展与思考

和罗辑与思薇一样，作为顾客，我们最关注的是怎样花最少的钱买到最合适的商品。商家则要关注利润，利润问题也是数学在生活中非常重要的应用。

利润问题的几个重要的量是：成本、售价、利润、利润率、亏损、亏损率。它们之间的数量关系如下。

利润＝售价－成本

利润率＝利润÷成本×100%

售价＝成本×（1＋利润率）

亏损＝成本－售价

亏损率＝亏损÷成本×100%

老师说操场上的旗杆售价6000元呢！

这么贵！旗杆成本是多少啊？

在生活中，小到橡皮、铅笔，大到汽车、房子，只要是商品，就都会涉及成本和利润的问题。成本可以简单理解为商家买来或制作商品的价格，利润就是商品的销售价格减去成本后的收入。当销售价格高于成本价格时，利润就是正数，代表赚钱了。当销售价格低于成本价格时，利润是负数，代表亏钱了。

利润是商家经营是否得当和未来是否有发展前景的重要指标。因此，了解利润问题，是从小培养数学分析和实际应用能力的重点之一。

趣味数学练一练

和谐超市正在举办优惠季活动，全场商品 8 折销售。推理大师在这里买了一瓶食用油，花了 52 元。这种食用油原本是按照盈利 30% 定价的。现在，老板卖出这瓶油是盈利了还是亏损了呢？利润（亏损）率是多少呢？

参考答案：盈利了，利润率是 4%。

第三章
舞台上的数学

学校一年一度的文艺演出即将开始，大家都在紧锣密鼓地做准备……

思薇，你的节目准备得怎么样了？
早就准备好了。听说这次演出的抽奖环节由推理大师负责。
我猜他又会在抽奖环节中夹带些数学小机关……
放心，人人都有奖品。不过，能看透隐藏其中的数学小机关的人可能会拿到更多的奖品。

"这次的机关很简单，"推理大师神神秘秘地说，"抽到的奖品不能直接拿走。我会提供两种兑奖方案，大家得先从中选一个。"

"什么兑奖方案？能不能再透露一点儿！"思薇可怜巴巴地追问。

"只要不告诉我们奖品是什么，不就可以了？"罗辑也好奇起来。

推理大师经不住两个孩子的苦苦哀求，只好又透露了一点儿关于兑奖环节的特殊设计。

绝对不是因为我早就想找人聊聊自己精妙的设计了。

什么样的精妙设计呢？

幸运观众从抽奖箱中抽出写着奖品信息的卡片后，需要在以下两个方案中选择一个。

方案 A：直接开奖，按照卡片上的奖品数量领取奖品；

方案 B： 奖品数量翻倍（翻倍后奖品不少于 3 个），并将奖品随机分配放进 3 个箱子里，奖品最多的箱子归中奖人所有。

"你们会选哪个方案呢？"推理大师问。罗辑和思薇陷入了沉思。"思薇，你会选哪个呀？"罗辑把问题抛给了思薇。

"要是在现场，我肯定选方案 A，因为思考时间太短了，我不确定方案 B 是更好还是更差，"思薇回答道，"罗辑你呢？""我肯定选方案 B，我觉得应该赌一把，没准会得到更多奖品呢？"

"好好想一想哪个方案拿到的奖品更多。"推理大师提醒道。

假如奖品有 2 个，如果选择方案 A，就能直接拿走 2 个奖品。如果选择方案 B，奖品的数量就变为 4 个。把这 4 个奖品放进 3 个箱子里，可能出现的情况如下。

情况一	🎁	×4	🎁	×0	🎁 ×0
情况二	🎁	×3	🎁	×1	🎁 ×0
情况三	🎁	×2	🎁	×2	🎁 ×0
情况四	🎁	×2	🎁	×1	🎁 ×1

"每种情况都存在奖品数多于或者等于 2 个的箱子，也有奖品少于或等于 1 个的箱子，"罗辑仔细想了想，说，"想凭运气让奖品变多的人可以选方案 B。"

"什么情况下选方案 B 比选方案 A 得到的奖品少呢？"推理大师引导他俩发现方案 B 中隐藏的数学原理。

"分配完成后，每个箱子里的奖品数量都少于 2 个！可是，这种情况是不存在的……"思薇突然发现了这个麻烦的兑奖方案中隐藏的细节。

"按照方案 B 的要求，把 4 个奖品放进 3 个箱子，不管怎样分配，总有一个箱子里至少有 2 个奖品！"推理大师总结道。

把多于 n 件的物品放进 n 个箱子里，至少有一个箱子里的物品不少于 2 件。

这就是抽屉原理。这种兑奖方案对不理解这一原理的同学不公平，我得再去想一个新的兑奖方案了……

数学加油站

第一抽屉原理

用 n 代表物品的数量，m 代表倍数，抽屉原理如下。

把比 n 多的物品放进 n 个抽屉里，至少有一个抽屉里的物品不少于 2 件。

把多于 mn（n ≠ 0）+1 个物品放进 n 个抽屉里，至少有一个抽屉里的物品不少于 m+1。

寻找相同的颜色

实践目的：

加深对抽屉原理的理解，培养抽象思维和逻辑思考能力。

实践步骤：

1. 用黑色的笔画 10 个圆圈。

2. 用 9 支不同颜色的彩色笔给圆圈上色，所有彩色笔都要用到。数一数至少有几个圆圈颜色相同。

3. 尝试依次减少彩色笔的数量，给 10 个圆圈上色。记录每次至少有几个圆圈颜色相同。

你来试试：

彩色笔的数量	相同颜色圆圈的数量

我的发现：

我的总结：

明确什么是"抽屉"，什么是被分配的"物品"，是运用抽屉原理的重点。

我知道！彩色笔是"抽屉"，黑色圆圈是"物品"。

在很早的时候，我国古代学者就已经运用抽屉原理来解决生活中遇到的问题了。宋代学者费衮的《梁溪漫志》、清代史学家钱大昕的《潜研堂文集》、清代法学家阮葵生的《茶余客话》等著作中都有类似抽屉原理的文字记录。

可惜的是，在现存的古代文献中，没有人把它总结成普遍的数学原理。最后，抽屉原理被认为是由几百年后的西方学者狄利克雷明确提出来的。

狄利克雷是数学家高斯的弟子和忠实粉丝。据说，他在观察鸽子回巢的过程中，发现了一个有趣的现象：如果多于鸽笼数量的鸽子回巢时，一定会有一个鸽笼里有 2 只或 2 只以上的鸽子，因此抽屉原理又名"鸽巢原理"。

这个原理看起来简单，但经过狄利克雷的分析、总结之后，成为数学研究领域被广泛应用的理论。

狄利克雷

"抽屉原理只有这一种情况吗？"思薇问。

"不是的，"精灵爷爷解释说，"还有第二抽屉原理。"

把 mn（n ≠ 0）−1 个物品放进 n 个抽屉里，一定有一个抽屉中最多有 m−1 个物品。

趣味数学练一练

罗辑在魔术表演中用到了扑克牌。一副扑克牌有 54 张牌，请问抽取多少张牌，才能使其中至少有两张的点数相同（大小王不算相同的牌）？

第四章 储蓄中的数学

假期结束了，罗辑和思薇都收到了爸爸妈妈给的红包。猜猜看，他们会怎么处理这笔钱呢？

思薇，这笔钱你打算怎么花呢？
我在想要不要把它存起来。
好主意！我听说把钱存在银行里，过一段时间，就能拿到更多钱了。
你们要开始存钱吗？储蓄可是一门实用又复杂的学问！

"银行的存款方式有很多种，"字母老师说，"把钱存起来，用的时候能随时取出，这种存款方式叫活期。"

"这样存的话，估计我很快就会把钱花没了。"罗辑小声嘀咕。

"那你可以考虑用定期存储的方式存钱。"字母老师提示罗辑说。

从名字可以看出，这种方式存钱需要把钱存进银行一定的时间才能取出来。

定期存款还分为整存整取和零存整取两种形式。整存整取指的是一次性存入一定的钱，等约定好的存期到了，银行一次性支付本金和利息。而零存整取指的是每月存入一定的钱，等到约定好的存期，一次性支取所有本金和利息。

储蓄不仅利于个人和家庭养成良好的消费习惯，而且对国家来说，存进银行的钱还可以支持国家建设和国家对经济的调节。

开始存钱之前，要先了解几个词：本金、存期、利息和利率。

数学加油站

本金指储户存进银行的钱。

存期指本金在银行里存放的时间。

利息指取钱时银行在本金以外多支付的钱。

利率指利息和本金的比值。

"是不是利息越多，存款获得的利益就越大？"罗辑问。"当然了，"字母老师肯定地说，"影响利息多少的因素主要有 3 个——本金、存期和利率。一般来说，本金越多，存期越长，利率就越高，获得的利息也就越多。"

在我国，国家会根据综合经济情况，由中国人民银行统一制定利率。

在本金和存期固定的情况下，能影响到利息收益的就是利率了。

说到这里，罗辑想起自己曾听父母聊起过这个话题：利率根据存期的长短分为月利率和年利率。存期越长，利率就越高。

怎样才能知道存款能获得多少利息呢？

那就得知道这几个数量之间的关系了。

思薇迫切地想要把这些知识用到她的存钱计划里。

利息的计算方法一点儿都不难。

> 利息 = 本金 × 利率 × 存期

例如，把 5000 元存进银行，存期 3 年，年利率 2.75%。5000 元是本金，计算 5000×2.75%×3，就可以得出 3 年期满后的利息是 412.5 元。

"本金加上利息，能拿到多少钱呢？"字母老师问。"全取出来的话，就是 5412.5 元。"思薇有了答案。

"根据这个数量关系式，只要知道取出的钱的金额，存钱时的利率和存期，也能知道当时存了多少钱。例如，我昨天去银行连本带利取了 97,425 元，存期 3 年，年利率是 2.75%，你们能知道 3 年前我存了多少钱吗？"字母老师问。

"假设 3 年前的本金是 x 元，那么 $x+x×2.75\%×3=97,425$。算出来 $x=90,000$（元）。"利用方程，罗辑很快得出了答案。

连本带利指的就是"本利和"。

这么多钱，能买多少糖啊！

现实生活中利息的结算可能更复杂，比如某人一开始将 20,000 元作为本金存入银行，存期 2 年，年利率是 2.7%。他还办理了自动转存业务。自动转存的存期仍为 2 年，年利率是 2.75%，那么这次存款到期时他能取出多少钱呢？按照本利和的计算方法：

> **本利和 = 本金 × （1+ 利率 × 存期）**

"2 年存期过去以后，本利和就是 $20,000×（1+2.7\%×2）$，金额为 21,080 元，"思薇算出了结果，"本金不变，所以接下来只需知道下一个存期的利息是多少就行了，就是 $20,000×（2.75\%×2）$，利息是 1,100 元。再存 2 年后连本带利金额可以取出的金额是 22,180 元。"

"如果选择自动转存，通常银行会在第一个定期存款到期的时候，将利息并入本金。"字母老师解释道。

因为不了解银行利息结算规则，思薇的计算出错了。

唉？

　　"我明白了，在第二个存期中，本金和利率发生了变化，"罗辑思索片刻后，胸有成竹地计算了起来，"第一次本利和是 $20{,}000 \times 2.7\% \times 2 + 20{,}000$，即 21,080 元，这就是第二次存定期的本金。然后，第二次存款到期后取出来的钱是 $21{,}080 + 21{,}080 \times 2.75\% \times 2 = 22{,}239.4$（元）。"

　　"没错！"字母老师说，"这叫作复利。"

数学加油站

复利

　　复利指上一期储蓄的本金和利息加在一起作为下一期的本金。依此方式叠加，每一期的本金金额都是不同的，这就是我们说的"利滚利"。

"了解了基本的储蓄规则后，你们是不是等不及想把自己的钱存起来了？"字母老师问罗辑和思薇。

罗辑和思薇早就开始在心里做起适合自己的存钱规划了。不过，银行的利息并不是固定不变的，存款类型、经济形势的变化和不同的存款期限，都会影响到最终获得的利息金额。所以他们打算明天让爸爸妈妈带他俩去不同的银行，了解一下各个银行的储蓄政策，再决定怎样存钱。

在一个存期内，银行结算定期存款收益的方式大多是单利的。但其实生活中的多期存储和投资理财方式，是用复利的形式进行结算的。

相比单利的收益方式，复利有非常明显的特点：在一开始，收益并不会有显著的变化，但是收益会伴随着时间的增加持续增长，直到在某一个时刻出现惊人的变化，并且随着时间的推移，变化会越来越大。

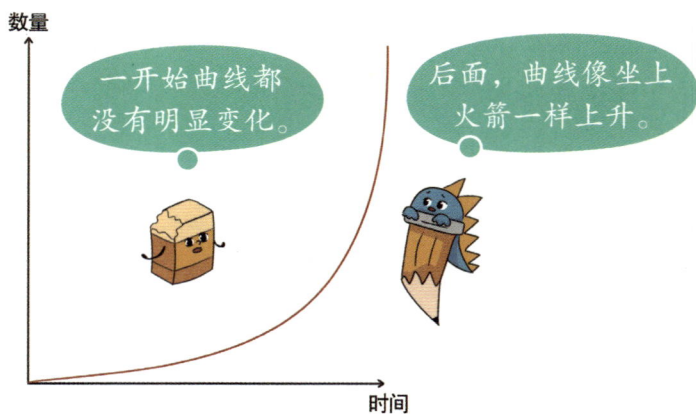

复利曲线图

理财我能行

实践目的:

了解银行不同的储蓄形式。通过实践,了解储蓄里的数学知识。

实践步骤:

1. 选择一家银行进行调研。

2. 在父母的陪同下查询和记录银行储蓄形式。

3. 记录不同储蓄形式的利率。

4. 根据自己的存款金额和存期,选择适合的储蓄形式。

你来试试:

我的本金: _____

调研银行: _____

储蓄形式	存期	利率	本利和

我的发现：

我的总结：

注意保护好自己的个人信息和钱款！

拓展与思考

　　传说古印度的国王非常喜欢玩游戏。为此，他的宰相发明了国际象棋。国王很喜欢这款游戏，决定奖赏宰相。正当大家猜测宰相可能会趁此机会要金银珠宝的时候，宰相却只要国王赏赐他一些麦粒。不过，赏赐的方法得由他决定。

　　国际象棋的棋盘由 64 个颜色深浅交错的方格组成。宰相请国王在棋盘的第一个方格里放 1 粒麦子，第二个方格里放 2 粒，第三个方格里放 4 粒……后面的每一格都比前一格多放 1 倍的麦粒，依此类推，直到放满 64 格。

　　国王觉得这个要求太简单了，就答应了。但当管粮食的大臣算完后才发现，按照宰相的要求放满棋盘格子需要上亿吨的麦粒。这就是复利所产生的"爆炸式"效应。

小意思！

赏赐我麦粒就行了。

推理大师想拿出 10 万元理财。现有两种理财方式：一种是购买银行的 1 年期理财产品，年收益率是 3%，每年到期后连本带息，继续购买下 1 年的理财产品；另一种是购买 3 年期国债，年利率是 3.5%，利息不算入本金，比较 3 年后的收益，你建议推理大师选择哪种理财方式？

相信你会提出一个好建议。

答：购买 3 年期国债。

加油吧数学

⑥数学广角训练

姚　峰　辛向东　主编

郭思彤　绘

北京科学技术出版社

100层童书馆

丛书编委会

顾 问
熊保林（数学博士、北京大学附属中学高级教师）
主 编
姚峰 辛向东（北京可持续发展教育协会互联网＋跨学科专业委员会）
编 写
陈素琴 罗明 李博 王宇 马蕴杰 潘晶 宋禹迪 杨胜男
绘 图
郭思彤

图书在版编目（CIP）数据

加油吧数学. 数学广角训练 / 姚峰, 辛向东主编；郭思彤绘. — 北京：北京科学技术出版社, 2024.3
ISBN 978-7-5714-3235-5

Ⅰ.①加… Ⅱ.①姚…②辛…③郭… Ⅲ.①小学数学课—教学参考资料 Ⅳ.①G624.503

中国国家版本馆CIP数据核字(2023)第176591号

策划编辑：黄 莺
责任编辑：郑宇芳
封面设计：沈学成
图文制作：旅教文化
营销编辑：赵倩倩
责任印制：吕 越
出 版 人：曾庆宇
出版发行：北京科学技术出版社
社 址：北京西直门南大街16号
邮政编码：100035
电 话：0086-10-66135495（总编室）
　　　　0086-10-66113227（发行部）
网 址：www.bkydw.cn
印 刷：北京博海升彩色印刷有限公司
开 本：710 mm×1000 mm 1/16
字 数：52千字
印 张：3.25
版 次：2024年3月第1版
印 次：2024年3月第1次印刷
ISBN 978-7-5714-3235-5

定 价：200.00元（全7册）

我是精灵爷爷。
我有办法让数学学习变简单。

我是龙龙精灵。
我擅长数学计算。

我是皮皮精灵。
我最喜欢帮助大家，虽然有时会帮倒忙。

我是罗辑。
我喜欢数学。

我是思薇。
我热爱思考。

我是字母老师。
我是罗辑和思薇的老师。

我是推理大师。
我喜欢玩数学游戏。

广角训练教室

目　录

1

第一章
旗杆有多高

罗辑认为旗杆的高度大约有 20 米，并且旗杆的高度不会变化，而影子的长短会变化，所以旗杆的高度和影子的长度没有关系。思薇认为旗杆的高度和它影子的长度有关系。两个人为此争论不休……

听了精灵爷爷的话，罗辑和思薇意识到，旗杆的高度可以用"比和比例"来进行计算。于是，思薇和罗辑分头行动起来。思薇看到旗杆旁边有个指示牌，她想到一个主意：可以用指示牌作为参照物，算出指示牌的高度和影子长度的比。指示牌高度与其影长的比值和旗杆高度与其影长的比值相等。

说干就干，思薇从包里拿出卷尺，测量指示牌影子的长度。指示牌影子的顶端刚好在卷尺上刻度 160 的位置。卷尺上每一个大格代表 1 厘米，所以，指示牌影子的长度是 160 厘米。

"该测量一下指示牌的高度了。"思薇拿着卷尺比画了一番，测出指示牌高 100 厘米。

"在生活和工作中，我们常常需要对数量进行比较。如果是比较数量相差多少，可以用减法。"精灵爷爷说。"那要想知道数量之间的倍数关系呢？"思薇问。"那就要用到比了。"精灵爷爷回答。

指示牌影子长 160 厘米，指示牌实物高 100 厘米。用影子的长度作为比的前项，实物的高度作为比的后项。

$$160:100$$

"数字都上百了，算起来真麻烦啊。"皮皮精灵嘟囔道。这个小问题可难不倒思薇。根据比的性质，前项和后项同时除以相同的数（0除外），比值不变。那么，让比的前后项同时除以一个 0 以外的数，前后项的数字就变小了，就方便计算了。

$$160 : 100 = 8 : 5$$
$$\div 20 \quad\quad \div 20$$

化简 最简整数比

"龙龙精灵，快来。"罗辑在不远处招手。看着紧紧盯住自己的罗辑，龙龙精灵突然警惕起来。"你……你想干什么？""龙龙，好龙龙，有件非常重要的事需要你帮忙。"罗辑央求道，"你来当我的参照物吧。"原来罗辑刚刚找了一圈，也没有找到合适的物品来测量高度和影长。

龙龙精灵影子的长度比 25 厘米多一点儿，但是又不到 26 厘米。

卷尺的每个大格都被分为 10 个小格，每个小格代表 1 毫米。卷尺的一个大格代表 1 厘米，我们可以得出这样的结论：

$$1\ 厘米 = 10\ 毫米$$

还可以用字母表示单位名称：

$$1\ cm = 10\ mm$$

从卷尺上看，龙龙精灵的影子长度超出 25 厘米刻度线 6 个小格，所以龙龙精灵影子的长度是 25.6 厘米。经过实际测量，龙龙精灵的身高是 16 厘米。他的影长和身高比是：

$$25.6 : 16$$

当前后项出现小数时可通过将小数变为整数，再完成比的化简。

$$25.6 : 16 = (25.6 \times 10) : (16 \times 10) = 256 : 160$$
$$256 : 160 = (256 \div 32) : (160 \div 32) = 8 : 5$$

龙龙精灵的影子长度和他身高的最简整数比也是 8 : 5。

坚持一下，就快完成了。

你再慢点儿我就要晒成干了。

"我知道在比例里，两个外项的积等于两个内项的积，但这对计算旗杆的高度有什么帮助吗？"罗辑问。"那当然了。"精灵爷爷回答道，"如果知道了比例中的任何三项，就能算出这个比例中未知的那个项了。这个过程就叫解比例。"

"原来如此，那我们可以通过解比例来计算旗杆长度了。"罗辑开心地说，"刚才思薇和我分别测量了指示牌和龙龙精灵的影子长度及其高度，最终得到的比都是 8:5，那我只需要测量出旗杆影子的长度，就能解比例，计算出旗杆高度了。"

罗辑用卷尺测量出旗杆影子的长度为 22.64 米，用"x"表示旗杆高度。

$$22.64 : x = 8 : 5$$
$$x \times 8 = 22.64 \times 5$$
$$x = 22.64 \times 5 \div 8$$
$$x = 14.15$$

解比例后，罗辑算出旗杆高度为 14.15 米。

想开点儿……

我算出旗杆高度是 14.15 米。

啊，我晒黑了！

罗辑还沉浸在计算出旗杆高度的喜悦中，精灵爷爷提醒他："你忽略了一件事，就是你在一开始提到的那个细节。你测量旗杆影子的时间离测量龙龙精灵影子那会儿已经过去了半个小时。在这个过程中，太阳的位置发生了变化，旗杆影子的长度也随之发生了变化。那么这时，旗杆影子长度和旗杆高度比，还是不是 8∶5 呢？"

大家想了半天也没有得出结论。"实践出真知，再测算一下吧！"龙龙精灵站回刚才测量影子时的位置，重新当起参照物。罗辑也再次测量了龙龙精灵影子的长度。他的影长果然变化了，刚才测量的长度是 25.6 厘米，现在变成了 12.8 厘米。

思薇也跑到了指示牌的前面再次测量："我的测量数据也发生了变化。刚才测出指示牌的影子长 160 厘米，但是现在，影长只有 80 厘米了。"

"影子长度变了，比也会变化，再用刚才的数据解比例就不准确了。那我们怎样才能准确算出旗杆的高度呢？"罗辑边说边陷入了沉思。

数学加油站

日影

太阳光线投射到物体上产生的影子叫日影。在一天之中，物体影长与太阳高度有密切关系。太阳高度越高，在它照射下物体产生的影子就越短。太阳高度越低，物体的影子就越长。

除极点以外，物体影子最长的情况出现在太阳光线和地面平行的时候，也就是早上和傍晚。物体影子最短的情况出现在太阳到达最高位置的时候，也就是正午。

快看，我长高了？

这么说来，中午你就变成一个"点"了。

"太阳的位置是随时间推移慢慢变化的。物体影长也随着太阳的移动慢慢变化，"精灵爷爷解释道，"你们第一次测量的时间都是上午8点左右。即使参照物不同，因为时间差不多，太阳的位置变化不大，所以得出的比是相同的。8点时影子长度和物体高度的比例是8:5，但是半个小时后，随着太阳位置的变化，影子长度和物体的高度比就变成4:5。用比表示物体高度和影子长度的除法关系时，一定要注意尽量在同一时间进行数据测量。"

思薇重新测量了一次指示牌影子的长度，为60厘米，这时指示牌

11

的影长和指示牌的高度的比是 3:5。思薇又和罗辑一起测量了龙龙精灵的影长，他的影长和身高的比同样是 3:5。此时旗杆影子的长度和旗杆高度的比应该也是 3:5。

"快，快，抓紧测量一下旗杆影子的长度。"皮皮精灵催促起来。

这次，罗辑和思薇测出旗杆影子的长度是 9 米。"已经知道比例中的三项了，旗杆的真实高度马上就要揭晓啦。"龙龙精灵兴奋起来。

$$9:x=3:5$$
$$x \times 3=9 \times 5$$
$$x=9 \times 5 \div 3$$
$$x=15$$

阿基米德

给我们一个小棍，我们就能测算出世界最高建筑物的高度。

给我一个支点，我就能撬起整个地球。

精灵爷爷和阿基米德长得真像啊。

"旗杆的高度是 15 米。这个办法真好，这回就算要测算这里最高的楼有多少米都轻而易举了。"罗辑高兴地说。

"没错，早在西方的几何学传入中国前，古人已经掌握这种方法，用实物和影子构成的三角形边成比例来测量太阳、海岛等高和远的物体了。"精灵爷爷说道。"我知道，古人把这种测算方法叫作'重差术'，"思薇说，"字母老师上课的时候讲过。"

重差术就是利用标杆之类的工具，进行复杂测量和计算的方法。

真乃神人啊！

我能算出来。

太阳到底有多高啊？

数学真是太神奇了。

测算建筑物高度

实践目的：

掌握并使用比和比值的计算方法，寻找公园里的标志性建筑，通过小组合作，测量并计算出这个建筑的实际高度。

实践步骤：

1. 准备好测量和记录工具：卷尺、参照物（如木棍）、纸、笔。

2. 选择没有车辆或水域的安全区域作为测量场地。

3. 选择好目标建筑物，以及方便测量的参照物。

4. 确定测量时间和人员分工。

5. 选择光线充足的地方测量并记录参照物的高度，以及参照物影子和建筑物影子的长度。

6. 利用测量数据，计算建筑物高度。

你来试试：

分工＿＿＿＿＿＿。测量时间＿＿＿＿＿＿。

	参照物	建筑物
高度（米）		
影长（米）		

我的发现：

我的总结：

测量旗杆高度还有其他方法。

方法一：用镜子

● 把一面镜子放在人和旗杆的中间，人看着镜子来回移动，直至能在镜子中看到旗杆的顶端；

● 分别测量镜子与人的距离 BC 以及镜子和旗杆的距离 BD；

● 计算镜子和人的距离与镜子和旗杆的距离之比，即 $BC : BD$；

● 根据相似三角形对应边成比例的特征，可以得知人的身高与旗杆高度的比和人到镜子的距离与旗杆到镜子的距离的比相同。

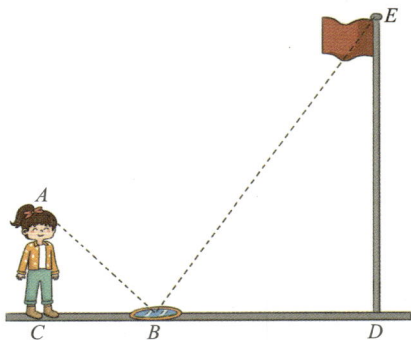

$$AC : ED = BC : BD$$

● 测量人的高度 AC，就可以知道旗杆高度了。

$$ED = \frac{AC \times BD}{BC}$$

方法二：用气球

● 准备一个氦气球，尾部系上足够长的绳子。

● 在旗杆下方放飞气球，使气球顶端与旗杆顶端处于同一高度。

● 绳子末端放置于旗杆底部同一水平位置，并对绳子末端进行标记。拉下气球解开绳子，测量出气球顶端

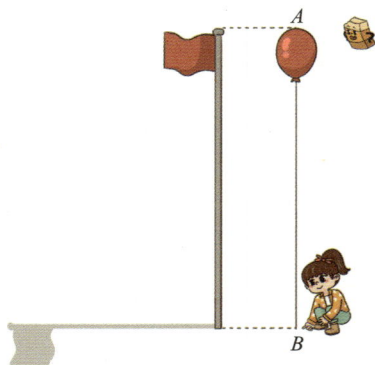

到绳子末端标记处之间的长度，这就是旗杆的大致高度。

趣味数学练一练

公园门口有一棵高大的柳树，罗辑站在树旁时，他影子的长度为
0.75 米，同时同地测量得知柳树的影子是 12 米。罗辑长高了，现在他
的身高为 1.5 米，你能不能算出柳树的高度是多少？

第二章
怎样租船最省钱

大家兴高采烈地走进了公园。公园的中央有一片湖，湖边停着几艘小船……

"我们一共 32 个人，看一艘船能坐几个人，不就可以算出需要租几艘船了吗？"思薇想不通推理大师和字母老师为什么讨论这么久。

"确实，只要简单地用除法算一下，就知道要租几艘船。但是你看，因为船有不同的船型，每种船型的租金和可以乘坐的人数也不同，所以存在不同的租船方案，"推理大师笑了笑，"不同方案，租金总金额也会不同。"

"谁能用最少的钱，租到足够装下我们全部人的船呢？"字母老师看了看围在身边的同学们问道。

"这种情况，让我想起了田忌赛马。"思薇说。

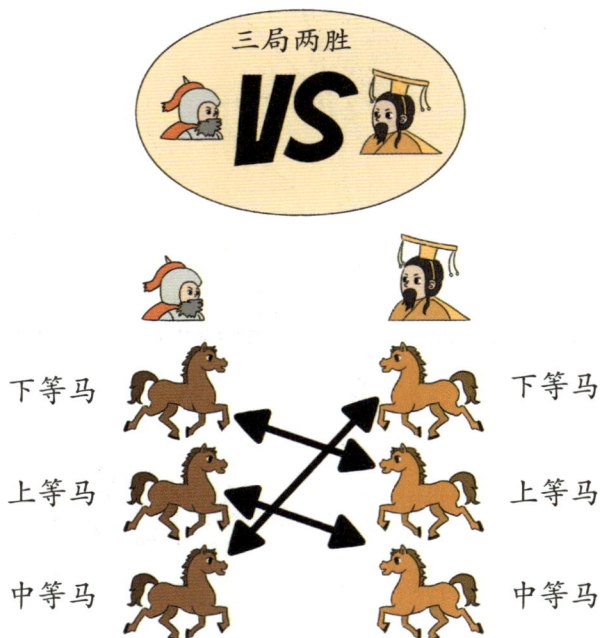

在学习和生活中，同一个问题往往有很多种不同的解决方法。田忌赛马就是运用"优化思想"解决问题的经典案例。

优化思想

　　优化思想属于数学中的运筹学，指的是充分利用现有条件梳理资源，从而实现资源的优化组合，做到用最小的投入，获取最大收益。

　　优化思想最早运用于军事领域。后来在生产和生活的各个领域也得到了广泛应用。

　　罗辑想了解不同船型的收费标准。于是，他走到售票处，仔细阅读张贴在售票窗口旁的收费公示栏，从公示栏可以看到：每艘小船有 4 个座位，租金是 24 元。每艘大船有 6 个座位，租金是 30 元。要乘船的人数是 32 人，4 正好是 32 的因数，也就是说 32 是 4 的倍数，可以被 4 整除。

32÷4=8（艘）

如果全租小船，需要 8 艘。

龙龙精灵算了算，如果全租小船，租金要：

24×8=192（元）。

　　因数和倍数是相互依存的关系，它们不能独立存在。如果在整数除法中 $a÷b=c$，那么 b 和 c 都是 a 的因数，a 就是 b 和 c 的倍数。例如，$32÷4=8$。我们可以说 4 和 8 是 32 的因数，32 是 4 和 8 的倍数，但不能说 4 或 8 是因数，32 是倍数。

"也许我们可以比较两种船座位的均价，"思薇说，"选择均价更低的船来租。"

大船平均每个座位的租金为：30÷6=5（元）。

小船平均每个座位的租金为：24÷4=6（元）。

大船的座位均价更便宜。这样看来，应该租大船。

每艘大船可以坐 6 人，租金 30 元。

6×5=30（人），剩余 2 人需再租一艘大船。

"怎样？选座位均价低的大船的话，我们就能省下 12 元钱了。"思薇很开心。

"空出了 4 个座位，还是有些浪费。"罗辑想了想，觉得可能还有更好的方案，"有了！我们可以优先租大船，余下的人租艘小船。"

6×6=36（人）>32（人），如果全租大船，需要 6 艘。思薇算了一下租金：
30×6=180（元）。

租 5 艘大船和 1 艘小船的租金为：
30×5+24×1=174（元）。

"按照罗辑的办法还是会有 2 个座位空着，"皮皮精灵忍不住跳了出来，"这真的是最好的方案吗？"

简单地看租船问题，用四则运算就能解决。但要想用优化思想来解决租船问题，就要弄清两种船型怎样搭配更合适。也许在没有想到的租赁方式里隐藏着最省钱的方法。

龙龙精灵的整除，不遗留空位的方案；思薇的租用座位均价低大船的方法和罗辑的大船加小船补位方案，都有一定的优点，但也都存在可以优化的地方。

　　推理大师在心里稍微推算了一下，终于松开了紧皱的眉头。他把正在热烈讨论方案的同学们留给字母老师照看，就向着码头售票处走去。

　　想要 32 人都能坐上游船，只租大船或小船，都不是最佳方案。刚才，罗辑提出了大小船搭配租赁的方案，这是一个好的思路。沿着这个思路，可以枚举不同的组合租赁方式，通过对比租金总数，从中选择价格最优惠的那个。

	大船	小船	空余座位	租金计算	总租金（元）
方法 1	6	0	4（大船）	30×6	180
方法 2	5	1	2（小船）	$30 \times 5 + 24 \times 1$	174
方法 3	4	2	0	$30 \times 4 + 24 \times 2$	168
方法 4	3	4	2（小船）	$30 \times 3 + 24 \times 4$	186
方法 5	2	5	0	$30 \times 2 + 24 \times 5$	180
方法 6	1	7	2（小船）	$30 \times 1 + 24 \times 7$	198
方法 7	0	8	0	24×8	192

　　通过对比和计算便不难发现，既符合没有空位，又符合租金最低这两个要求的是方法 3。

原来枚举法，就是把办法一个个全列出来啊，累死了……

推理大师买完票回来了。

"你们知道我买票花了多少钱吗？"他一脸神秘地问大家。

"是不是……"思薇说到一半，看向罗辑，两人异口同声地说，"168！"

"咦？"推理大师推了推滑落的眼镜，有些意外地追问，"你们是怎么知道的？"

"孩子们使用枚举法，把在保证 32 人都能乘船的情况下，两种船搭配租赁的所有方案列了出来，计算并对比了租金。"字母老师把同学们聚在一起说，"大家都准备好了吗？该上船了哟。"

枚举法看似简单，容易被忽略，但它却是分析问题、解决问题时非常有用的数学思维方法。

数学加油站

枚举法

在遵循一定规律的情况下，条理清晰地把满足要求的、可能存在的情况，不重复、不遗漏地一一列举出来，并针对这些情况进行研究的方法，就是枚举法。

节约煎蛋时间

实践目的：

学会用数学思维，优化煎蛋流程。

培养优化思想，解决日常生活常见的省时问题。

实践步骤：

1. 为爸爸妈妈和自己分别准备 2 个鸡蛋。

2. 记录煎熟鸡蛋的一面需要多长时间。

3. 假设锅里每次只能煎 2 个鸡蛋，提出不同方案，计算用每个方案煎完 6 个鸡蛋各需要多少时间。

4. 对比不同方案需要用的时间，选出最优方案。

你来试试：

	步骤	耗时
方案 1		
方案 2		
方案 3		
方案 4		

我的发现：

我的总结：

如果做 4 个煎蛋，最少需要多长时间呢？

我也好想吃煎蛋啊！

北宋时期的宰相丁谓用了 7 年时间，将被大火烧毁，正常需要 15 年才能修复完成的皇宫复原如新。

丁谓遇到的问题有三个：一是清理废墟，大堆的垃圾需要运到远处扔掉；二是建筑材料想到达施工的现场，除了水运外，还得走一段陆路，需要耗费大量的人力驾驭马车；三是要用大量的土烧制砖瓦。

时间……
物力……
人力……

丁谓

丁谓让工人在皇宫前挖了几条大沟，用挖出来的土烧制砖瓦；将大沟和运河连通，直接用船将建筑材料运到皇宫。皇宫修好后，排空沟里的水，用建筑垃圾填平大沟，皇宫前的大沟成为平地。

丁谓合理安排工程环节，不仅减少了时间、人力和物力的消耗，提升了工作效率，还保证了皇宫修复的质量。丁谓运用的就是我们现在所说的运筹学的原理。

运筹学经过很多年的发展，逐步建立起比较完整的科学体系，能更系统地研究和解决生活中常见的问题。

数学加油站

运筹学

运筹学是数学的一个分支。它利用统计学等成果制订计划，提升人力、物力的运用率，使之发挥最大作用。优化思维就是运筹学里最重要的数学思想。物资调运问题和任务分配问题等都是源自生活的实际问题，可以用运筹学找到更好的解决方法。

趣味数学练一练

冬奥会期间，吉祥物冰墩墩和雪容融玩具套装销量激增，很多地区出现了供不应求的现象。北京、河北分别有 9 万套和 7 万套吉祥物玩具套装，准备给重庆 6 万套、海南 10 万套，货运车每辆可装载 1 万件套装。请根据每辆车的运费，算出一个最佳的调运方案。

发站 \ 到站 运费（元）	重庆	海南
北京	900	1200
河北	1000	800

答：北京发往重庆 6 万件，发往海南 3 万件，河北发往海南 7 万件，总运费为 14，600 元。

第三章
鸡兔同笼有几只

大家乘船来到了萌宠乐园，乐园里养着很多只丝毛鸡和小白兔……

同学们赶到鸡舍，字母老师也及时跟工作人员了解了情况：原来，关着兔子的笼子门坏了，人群经过时，受到惊吓的兔子跑了出来，有一部分钻进了丝毛鸡的鸡舍。兔子和丝毛鸡长得太像了，身体都是白色的，毛茸茸的。现在它们还挤在一起，这下更难分辨出哪只是鸡，哪只是兔子了。

目前工作人员只统计出鸡舍里一共有 35 个头，94 只脚，还没办法确认需要准备多少个兔子笼。

为了能让萌宠乐园尽快恢复营业，同学们热火朝天地讨论起来。

"我可以试试列一个表，先理清思路。"罗辑说道。

数学加油站

列表法

在总数量较少的情况下，需要进行多次重复的计算和推演时，用表格把已经知道的条件梳理出来，并利用表格分析、寻找解决问题的办法，就是列表法。

鸡舍里有 35 个头，说明兔子和丝毛鸡总数量是 35。假设有 34 只丝毛鸡，那么兔子的数量为 1。然后列表，逐次减少丝毛鸡的数量，同时列出在每种情况下，丝毛鸡和兔子有几只，直到动物脚的数量和工作人员已经数出来的脚的数量相等，就能得知鸡舍里兔子和丝毛鸡各有几只。

头数	丝毛鸡数	兔子数	脚数
35	34	1	72
35	33	2	74
35	32	3	76
35	31	4	78
35	30	5	80
35	29	6	82
35	28	7	84
35	27	8	86
35	26	9	88
35	25	10	90
35	24	11	92
35	23	12	94

从表格里可以看出，当鸡舍里有 23 只丝毛鸡和 12 只兔子时正好有 35 个头，94 只脚。

列表法虽然简单直观，不容易出错，但如果可能出现的情况比较多时，就不适合用了。

也可以假设 35 个头都是丝毛鸡的，则脚的数量如下：

$$35 \times 2 = 70（只）$$

计算结果比脚的实际数量少了：

$$94 - 70 = 24（只）$$

1 只鸡比 1 只兔子少 2 只脚，每少 2 只脚就代表有 1 只兔子被当成鸡了，所以兔子的数量如下：

$$24 \div 2 = 12（只）$$

鸡的数量如下：

$$35 - 12 = 23（只）$$

假设 35 个头都是兔子的，则脚的数量如下：

$$35 \times 4 = 140（只）$$

计算结果比脚的实际数量多了：

$$140 - 94 = 46（只）$$

每多 2 只脚就代表有 1 只鸡被当成兔子了，所以鸡的数量如下：

$$46 \div 2 = 23（只）$$

兔子的数量如下：

$$35 - 23 = 12（只）$$

假设法

当影响结果的某个因素存在着有限的、一定形式变化的可能性时，可以假设这个因素是这些可能性中的一种，然后根据这个条件去进行下一步推理计算。

"我有个更好的方法，"推理大师说，"既然兔子和鸡的数量是未知的，不如试试方程法。"

假设兔子有 x 只，那么鸡则有（$35-x$）只。根据"鸡脚的数量 + 兔脚的数量 =94"这个关系式，列出如下的方程。

$$4x+2(35-x)=94$$
$$x=12$$

知道兔子有 12 只后，就能算出鸡的数量是 23 只了。

也可以假设丝毛鸡有 x 只，那么兔子则有（$35-x$）只。可列出如下方程。

$$2x+4(35-x)=94$$
$$x=23$$

方程法

在解决问题的时候，用符号代替未知的量，然后根据已知的量和未知量之间的等量关系，列出方程式，再解方程，最终就能得出未知量具体是多少。

不管使用哪种方法，最后得出的结论都是鸡舍里有 23 只丝毛鸡，还有 12 位"不速之客"——兔子闯了进来。

别动，再动我就得重新数啦！

幸亏认真听了你们说的数学方法，不然我就得跟这家伙一样了。

协助老师统计人数

班主任带全班 50 名同学去种树，要求总共种 115 棵树。男生每人种 3 棵，女生每人种 2 棵，请协助老师计算出男女生各有几名。

实践目的：

熟练运用列表法、假设法和方程法。

实践步骤：

1. 运用列表法推算出男女生人数。

2. 运用假设法计算出男女生人数。

3. 运用方程法计算出男女生人数。

你来试试：

列表法

假设法

方程法

我的发现：

我的总结：

如果不记得怎么做了，可以再回顾一下刚才的计算方法！

　　鸡兔同笼这个经典问题出自中国古代数学著作《孙子算经》，大约在魏晋南北朝时期成书。那时候的人们对驯化和饲养动物已经有一定的经验。为了方便饲养，人们经常会将脾气比较温和的动物关在一起。鸡兔同笼的问题就是在这样的生活背景下诞生，并被记录下来的。

　　《孙子算经》中记录的解题方法是："上置三十五头，下置九十四足。半其足，得四十七。以少减多。"

　　简单来讲，就是把脚的数量减半，用得出的数字减去头数 35，就是兔子的数量。再用头的数量减去兔子的数量，就是鸡的数量。这种算法被称为砍足法。

> 快跑啊，笼子里有"砍脚怪"……

　　这种算法命名的方式主要和计算过程有关：先假设每只鸡 1 只脚着地，每只兔子 2 只脚着地，现在地上脚的总数就变成 47 了。这时鸡的数量等于鸡脚的数量，兔子的数量比兔脚的数量少 1。头的总数不变。这时候用 47 减去 35，我们就知道这 12 只脚是属于兔子了。

《孙子算经》把脚数作为变数，化繁为简，让问题变得易解决。符号化思想、转化思想、假设思想、方程思想等数学思想的结合，赋予了这个问题更系统的解答方式。

趣味数学练一练

字母老师为同学们批改作业，平常每天可以批改 20 本，带同学们外出游学时，每天只能批改 12 本。8 天下来，字母老师共批改了 112 本作业。请问这 8 天内，字母老师带同学们出去游学了几天呢？

考验你数学思维能力的时候到喽。

答：6 天。

第四章
树该怎样种

喂完小动物，大家心满意足地离开了萌宠乐园。下一个目的地是哪儿呢？

"大家好，我是协助大家一起种树的园丁叔叔。"早已在园里等候的工作人员和同学们打招呼，"今天，我们要在这条长 80 米的细长绿化带上种树。注意，每两棵树之间要间隔 5 米。"

字母老师让同学们分好组准备去种树。这时，大家又遇到了一个新问题。

"我们得先弄清楚要种几棵树再分组，"思薇说，"这样也好确定每个小组做什么工作。"

"思薇很细心啊！"字母老师夸赞道。"空地长 80 米，我们总不能先用卷尺一段一段地量，然后在要挖坑的地方做好记号，最后再统计有几个记号吧。"罗辑一听就头大了。

这么量下去，什么时候能干完啊。

"别忘了，我们还有神奇的数学思想可以来帮忙啊！"推理大师鼓励大家说，"比如化归思想。"

听了推理大师的建议，罗辑和思薇一致决定分析一下现有的条件，找到化繁为简的突破口。每两棵树之间的间隔不能改变，分段测量做记号很不现实……有了，我们可以先以 20 米长的空地为例尝试计算最多能种几棵树。

化归思想

当用已有的知识不能轻易或者不能解决某个复杂问题时，可以从信息、数据、方法、解决步骤等方面入手，化繁为简、化难为易，这种解决问题的思考方式被称为化归思想。这是数学家们都十分重视的一种思想方法。

"从最左边到最右边，最多能种 5 棵树，"罗辑说，"为了方便理解，我画了一张示意图。把 5 米的间隔看成 1 个单位，20 米有 4 个间隔，可以种 5 棵树。"

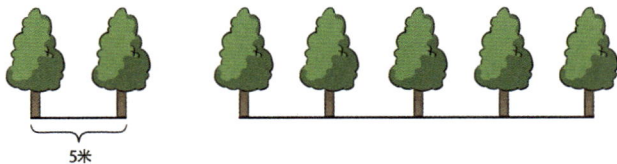

5米

$$棵数 = 间隔数 + 1$$

80 米长的绿化带可以种树的棵数就是：80÷5+1=17（棵）

数学加油站

数形结合思想

遇到抽象、难以理解的问题时，通过把抽象的数量和形象化的图形相互对应、相互转化，更直观和便捷地了解图形结构和数量之间关系，从而解决相应问题的思想，叫数形结合思想。

"你忽略了一个问题，"思薇说，"绿化带的一端有一个通道，为了方便通行，那里不能种树。"

所以，思薇是这样设计的：在距离通道5米的地方种下第一棵树，那么到20米的地方虽然也有4个间隔，但只能种下4棵树。

棵数 = 间隔数

以此类推，80米长的绿化带可以种树的棵数就是：80÷5=16（棵）。

"这么说来，绿化带的另一端也有可能不能种树。我们得去看看。"罗辑提醒道。"我已经看过了，那头是卫生间，确实不能种树。"龙龙精灵早就飞去另一头查看过情况了。

棵数 = 间隔数 −1

两头不能种树的情况下，80米长的绿化带可以种的棵数就是：80÷5−1=15（棵）。

"大家发现了吗？不管绿化带的两头是什么情况，在总长度和两棵树之间的间隔距离不变的情况下，间隔数是不变的。"推理大师说。

"还有一个有意思的现象，"罗辑说，"大家看，除了最后一棵树外，每棵树都会对应一个间隔。"

类似一棵树对应一个间隔这样的情况，在数学上称作"一一对应"关系。

所以，两边都种树时，情况如下。

种植的棵数 = 间隔数 +1

一边种一边不种树时，情况如下。

种植的棵数 = 间隔数

两边都不种树时，情况如下。

种植的棵数 = 间隔数 −1

要想按照实际情况在绿化带上种好树苗，需要的树苗数量如下。

80÷5=16（个）

16−1=15（棵）

数学加油站

一一对应关系

两个集合存在着联结点，形成一个对应一个的、互相呼应的关系就是一一对应关系。一一对应关系在数与代数中的应用很广泛。和数形结合的目的一样，一一对应也是为了把抽象、复杂的数学知识，更直观、简单和形象地展现出来。

测算植树所需绿化带长度

　　全班同学提前完成了原定的植树计划。因为剩余树苗 32 棵，园丁叔叔和字母老师商量后，决定让同学们去新划出的绿化带种树。园丁叔叔请同学们根据两棵树之间间隔 5 米的规则，测算植树所需绿化带长度。

实践目的：

　　熟练运用数形结合思想、一一对应关系。

实践步骤：

　　1. 选择 1~2 种数学思考方法，设计种植方案。

　　2. 根据种植方案，确定所需土地长度。

你来试试：

种植方案	种植棵数	数学思考方法	计算过程	需要用地长度
两边都种				
一边种一边不种				
两边都不种				

我的发现:

我的总结:

封闭路线植树问题
怎么解决?

这次活动中，罗辑和思薇是在直线形土地上种树。在实际生活中，我们经常遇到在各种路线上种树的情况，比如在圆形的湖岸边或者形状不规则的花园四周等。

在直线上种树问题的核心是棵数和间隔之间的关系，影响结果最重要的差异是两端是否种树。

如果要在封闭的路线上种树，怎样才能算出需要多少树苗呢？

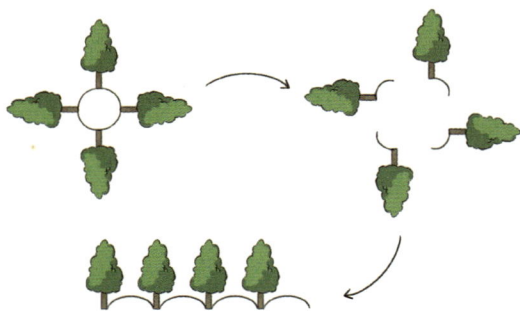

以圆形为例，在封闭的路线上种树时，只要换个角度我们就能发现：其实和在直线上种树中一端不种树的情况一样，棵数 = 间隔数。

还有很多情况，我们都可以用植树问题的思路来处理，比如爬楼梯、敲钟声、设站点、排队、锯木头、裁布料、打绳结等。

趣味数学练一练

罗辑发现爸爸的公文包忘带了，于是他帮爸爸将公文包送到了公司。爸爸办公室在大楼 10 层，不巧今天电梯维修。罗辑从 1 层走到 3 层，用了 2 分钟，那么，他从 3 层走到 10 层需要几分钟呢？

答：7 分钟。

加油吧

数学

⑤ 统计与概率

姚　峰　辛向东　主编

郭思彤　绘

北京科学技术出版社
100层童书馆

丛书编委会

顾 问
熊保林（数学博士、北京大学附属中学高级教师）

主 编
姚峰 辛向东（北京可持续发展教育协会互联网＋跨学科专业委员会）

编 写
陈素琴 罗明 李博 王宇 马蕴杰 潘晶 宋禹迪 杨胜男

绘 图
郭思彤

图书在版编目（CIP）数据

加油吧数学. 统计与概率 / 姚峰, 辛向东主编 ; 郭思彤绘. — 北京 : 北京科学技术出版社, 2024.3

ISBN 978-7-5714-3235-5

Ⅰ.①加⋯ Ⅱ.①姚⋯ ②辛⋯ ③郭⋯ Ⅲ.①小学数学课—教学参考资料 Ⅳ.①G624.503

中国国家版本馆CIP数据核字(2023)第176592号

策划编辑： 黄 莺
责任编辑： 郑宇芳
封面设计： 沈学成
图文制作： 旅教文化
营销编辑： 赵倩倩
责任印制： 吕 越
出 版 人： 曾庆宇
出版发行： 北京科学技术出版社
社 址： 北京西直门南大街 16 号
邮政编码： 100035
电 话： 0086-10-66135495（总编室）
　　　　　0086-10-66113227（发行部）
网 址： www.bkydw.cn
印 刷： 北京博海升彩色印刷有限公司
开 本： 710 mm × 1000 mm 1/16
字 数： 50 千字
印 张： 3
版 次： 2024 年 3 月第 1 版
印 次： 2024 年 3 月第 1 次印刷
ISBN 978-7-5714-3235-5

定 价： 200.00 元（全 7 册）

我是**精灵爷爷**。
我有办法让数学学习变简单。

我是**龙龙精灵**。
我擅长数学计算。

我是**皮皮精灵**。
我最喜欢帮助大家，虽然有时会帮倒忙。

我是**罗辑**。
我喜欢数学。

我是**思薇**。
我热爱思考。

我是**字母老师**。
我是罗辑和思薇的老师。

我是**推理大师**。
我喜欢玩数学游戏。

目 录

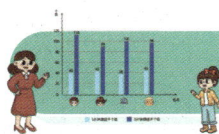

报名参加歌唱表演的人太多了……
我担心节目形式不够新颖……
这不是好事吗？说明大家都很积极啊。
走，我们去了解一下大家都想表演什么节目。

字母老师，需要像课后实践那样，把数据收集起来加以整理吗？
没错，先统计一下。
可能还得把数据做成图表，分析数据……
快教教我们！
慢慢来，我们就从分类和整理开始，了解生活中的统计与概率吧！

第一章
分类与整理

为庆祝"六一"儿童节，学校要求每个班准备一个节目，让尽可能多的同学参与进来……

大家对我们班的节目有什么想法吗？
一定要准备让所有人眼前一亮的节目！
我们可以来一个大合唱，怎么样？
这也太普通了！
思薇，你还有其他的想法吗？
不如表演舞台剧？我们可以表演一个和数学有关的故事。

得到字母老师的赞许，思薇很兴奋。她继续说道："我们先选一个故事，然后再根据故事内容来确定人物、道具和背景布置。"罗辑接着说："还要准备服装。嘿！要干的活可不少呢。"

"我家有缝纫机，可以准备演出用的服装。"思薇想起妈妈会做衣服，肯定可以帮上忙。罗辑也很兴奋："我喜欢做手工，可以为大家准备演出用的道具。"字母老师看到大家如此积极，十分欣慰："大家都想为班级出一份力，相信我们这次的演出一定会很成功。"

果不其然，"六一"儿童节当天，思薇和罗辑他们班的数学舞台剧获得全校师生的好评。表演结束后，一个难题也摆在了他们的面前：怎么将这么多道具收纳起来呢？

怎么办？这么多道具，真让人头疼。

在收纳道具之前，得先把它们整理好，以便大家在下次表演中继续使用。可是，整理的过程似乎不太顺利……

分类 把事物按照种类、等级或性质归类；
整理 按一定秩序把事物收拾、存放好，让它们变得有条理。

分类的标准有很多种，取决于分类的需求。有时，同样的事物根据不同的标准分类，会出现不一样的结果。

大家都对如何分类和整理提出了自己的建议。

有人建议按颜色分类，相同颜色归为一类；有多种颜色的物品则单独存放。

罗辑建议根据物品的大小来分类，小的物品，比如手链、发卡、项链等分成一类，可以放进盒子里；大的物品，如服装，可以找些合适的袋子来装。

思薇突然想到了一个主意："不如我们把物品按照使用者的性别来分类呢？女生的物品相对较多，可以继续细分，比如将配饰和服装分开，配饰再按照颜色和用途分类，放到首饰盒里。"

大家你一言我一语地提出了各自的分类标准，一时间得不出一个所有人都满意的结果。

字母老师提了一个建议："大家把标准整合一下，尽可能地让分类简单、清晰。"

罗辑迅速拿出纸笔，把需要整理的物品都列了出来，试着把它们先按使用者的性别分类。

♂	上衣、裤子、外套、手表、腰带
♀	上衣、裤子、裙子、风衣、项链、手镯、手链、发卡、包

思薇有点儿发愁："女生的物品太多了。"

"别担心，看我的！"罗辑在纸上边修改边说，"再把它们细分为服装和配饰。"

♂	服装	上衣、裤子、外套	
	配饰	手表、腰带	
♀	服装	上衣、裤子、裙子、风衣	
	配饰	项链、手镯、手链、发卡、包	

这样分类更清晰了吧？

分好类后还要记录清楚，方便下次用的时候能找到。

大家忙活了半天，终于把物品都整理好了。他们还把每个分类的名目以及名目下包含哪些物品都记录了下来。字母老师看着大家的整理成果，表示由衷赞赏。

家庭收纳师

实践目的：

制定分类的标准，把自己的衣物分类整理好。了解不同分类标准下结果的多样性，以及相同分类标准下结果的单一性。

实践步骤：

1. 将自己的鞋帽、衣服、配饰等物品都拿出来，放在床上或干净的地板上。

2. 按照一定的标准将这些物品进行分类。

3. 将分类整理好的物品放在衣柜或者抽屉里的合适位置。

4. 向爸爸妈妈展示自己的成果，请他们提出建议。

你来试试：

分类标准	所分类别	物品

我的发现:

我的总结:

不要独自使用家里的危险物品哟!

和分类紧密相关的数学概念叫作集合。

如果说分类是将物体按照一定的标准进行区分和归类的行为，那么集合就是具有某种相同属性或特征的事物的总和。集合简称为"集"，指具有某种特定性质的对象汇总而成的集体。其中，构成集合的对象则叫作该集合的元素。例如，如果有一个集合是由全世界年满18周岁的人构成的，那这个集合中的元素就是所有国家和地区的每一位出生后已经度过18年时间的人。

在分类的过程中，我们发现有些集合里的元素是有限的，比如中国的城市、班里的学生、笔盒里的文具等，这样的集合被称为有限集。有些集合里的元素是无限的，比如所有自然数、所有奇数、所有质数等，这样的集合则被称为无限集。

放弃吧，论元素数量，你是赢不了我的。

……

无限集

有限集

集合中的元素都具有以下三个特性。

确定性：这个元素要么属于集合，要么不属于，不会出现不确定的情况。

互异性：在一个集合里，任意两个元素都是不相同的。

无序性：在一个集合里，每个元素的地位都是相同的，元素之间不存在次序。

集合的元素不能模棱两可。

"著名科学家""个子高的人"之类的对象都不能构成集合。

思薇在收拾书包。你能制定一个标准帮她把书包里的常见物品重新分类并整理一下吗？

第二章
数据的收集与整理

新学期要重新分班，怎样才能快速和新同学相互了解呢？罗辑和思薇分别从文体和动物这两个方向，和班里的同学聊了起来……

我觉得喜欢动物的人数更多……
也有很多人喜欢运动。
有什么办法可以直接看出最受大家欢迎的爱好是哪个呢?
试试用“正”字来记数，如何?
汉字那么多，为什么要用“正”字呢?
“正”字的笔画只有横和竖，并且共有5笔，看起来一目了然，用它来记数最合适不过了。

十进制

　　人们发现以五为单位记数，很方便用于十进制。十进制是常用的记数方法。就正整数来说，以十为基数，逢十进一位，逢百进二位等，把一个正整数从右到左分为个位数、十位数、百位数等。

　　"先看看大家都喜欢什么。"罗辑把收集到的大家喜欢的动物名称都写在黑板上：猫、狗、兔子、仓鼠……思薇则在黑板的另一边写上运动项目：游泳、篮球、羽毛球、乒乓球……然后，他们开始统计人数，在对应的项目下，每增加一位同学就写 1 个笔画，有 5 个人的话，刚好就是一个"正"字。

猫：正 正　　游泳：正 一
狗：正 一　　篮球：正 正
兔子：正 正　　羽毛球：正 正
仓鼠：正 丁　　乒乓球：正 下

有 10 个人喜欢猫。

有 10 个人喜欢打篮球。

数一数每个项目下各有多少个"正"字，就能知道选择这个项目的具体人数是多少。把调查来的原始数据和资料整理好，并填写到表格中，一份简单的统计表就完成了。

统计表常被用来展示数字资料的整理结果。

逻辑和思薇把黑板上的记数变成数字，填到对应空格里。

	猫	狗	兔子	仓鼠
人数	10	6	10	7

	游泳	篮球	羽毛球	乒乓球
人数	6	10	9	8

一个"正"字代表有5个人选择了这一项。

学以致用才是最好的学习方法。

将数据整理到表格里后，一眼就能看出喜欢猫、兔子和篮球的同学最多。"不过，"罗辑思索了片刻，想到一个问题，"从表格里我们只能看出有多少人喜欢它们，并不能看出喜欢某一项的是男生多，还是女生多。"

好在两人做调查时，标注了性别。于是，罗辑和思薇对照调查记录，把统计结果按性别进行了整理，很快就补充好了统计表。

制作统计表

实践目的：

学会收集数据，并制作统计表。

实践步骤：

1. 简单调研几位同学的假期生活，选取几件大家经常做的事情或去的地方。

2. 将收集到的数据制成表格，进一步对全班同学的假期生活进行统计。

3. 分析统计表，了解同学们的假期做了什么事和去了什么地方，为后续的春游或秋游做准备。

4. 想一想：如果班级要组织一次出游活动，我们还需要统计和了解哪些事项，才能做出尽可能让大家都满意的活动安排。

你来试试：

分类	项目	人数
做的事情		
去的地方		

我的发现：

我的总结：

统计表分为简单表、分组表和复合表。

　　用"正"字记数是我们生活中常见的记数方式，它究竟诞生于哪里呢？这得要从清末的剧院说起了。

　　以前人们经常去戏院里听戏，就像我们现在经常去电影院看电影一样。因为当时没有门票，在戏院门口一个人一个人地收钱、找零，既耽误时间，还容易出错。于是，戏院的老板就让服务员在门口一边招揽客人，一边领客人进门。服务员每招揽到 5 个客人，记账的工作人员就会写下一个"正"字。为了让账目清晰，记账人还会在"正"字旁边注明招揽这批客人的服务员是谁。服务员则按照这个记数收费。

　　门票诞生后，戏院就不再用这种方法记数了。但是因为"正"字记数法简单明了，公平公正，而流传至今。

	国家/区域
一 丅 下 下 正	中国、日本、韩国等国家
❘ ❘❘ ❘❘❘ ❘❘❘❘ ❘❘❘❘	欧洲、北美等区域
丨 厂 冂 口 口	西班牙、阿根廷、巴西等国家

　　记录数据是了解数据的第一步，收集和整理数据需要借助统计表。但统计表只是把数据集中整理起来，方便人们查看。想要从里面提取有用的信息，还需要对看似杂乱无章的数据加以总结、归纳，找出其中的规律，最终得出结论，这就是分析数据的过程。

为了促进同学们之间的交流，同时也让同学们有机会展示自我，学校决定举办一次课间 10 分钟趣味体育比赛。为了解大家都喜欢什么项目，请根据前面罗辑和思薇的统计得出结论，最受同学喜欢的运动项目是什么？

答：篮球。

第三章
统计与统计图

经过调查，罗辑和思薇收集到了关于趣味运动会比赛项目的数据，他们将数据整理后交给了字母老师……

预选赛就要开始了，大家请字母老师来当裁判。第一个项目是踢毽子，精灵爷爷把大家的成绩都做了记录。

字母老师公布成绩时，大家却发现她拿出的并不是精灵爷爷刚才做的表格，她使用了一种新的记录方式。

踢毽子预选赛统计

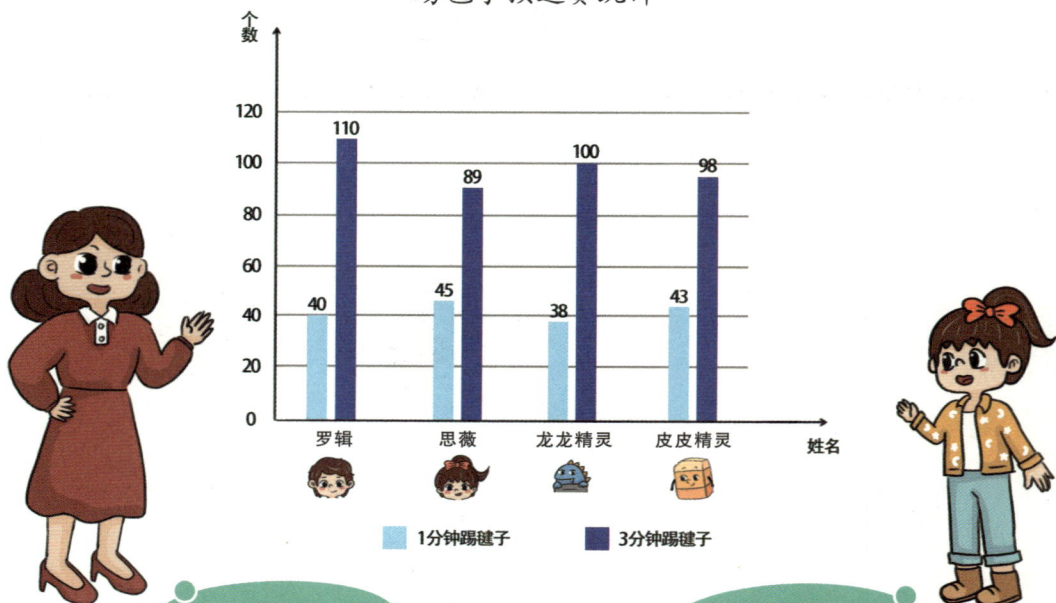

这是条形统计图。

哇！这样的统计图更直观。

数学加油站

条形统计图

条形统计图是用长短不同的条状图形表示数量多少的统计图，它可以直观地展现数量的差别。

条形统计图有单式和复式两种形式。单式条形图比较简单，当只有一个数量变化时，我们可以用它展现这个数量的前后差异。

当需要同时对比两个或两个以上数量的变化时，我们可以用不同的颜色来区分不同类别的数量，并制作复式条形图。例如，在字母老师做的统计图里，表示 1 分钟跳绳数量是浅蓝色直条，表示 3 分钟的则是深蓝色直条。这种统计图可以同时对比多个类别的数量，展现出它们的数量差别。

这个统计图可以直观地展现在不同时长里谁踢的毽子个数更多。思薇在 1 分钟赛中获胜，她踢了 45 个；罗辑在 3 分钟赛中获胜，他踢了 110 个。

"我们要根据比赛的实际时长来做决定，"字母老师说，"如果比赛时长是 1 分钟，就派思薇参赛；如果比赛时长是 3 分钟，就派罗辑参赛。"

根据比赛的实际时长，派出适合的选手参赛，这是个好主意。大家赶紧开始测试下一个项目——跳绳。

下次这种事别叫我了！

好了，好了，这是你的强项。

跳绳比赛要进行 4 轮，每轮 1 分钟，这回字母老师又使用了一种新的统计图，分别记录了每位同学每轮的跳绳情况。"咦？这又是什么统计图呢？"思薇很疑惑。

跳绳情况统计

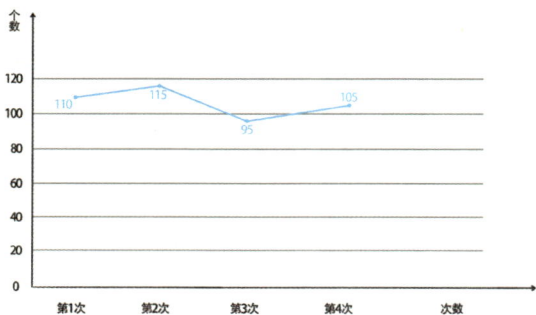

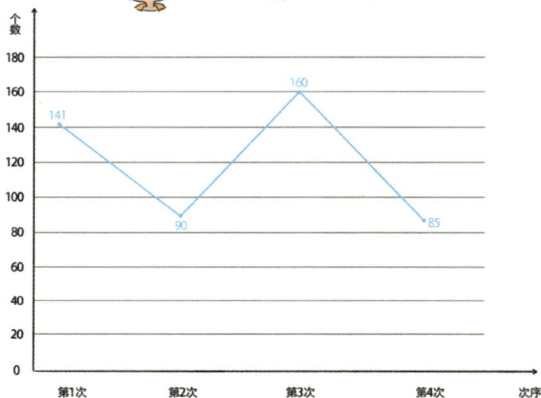

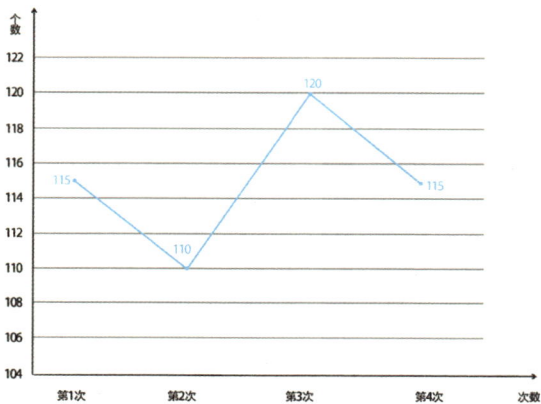

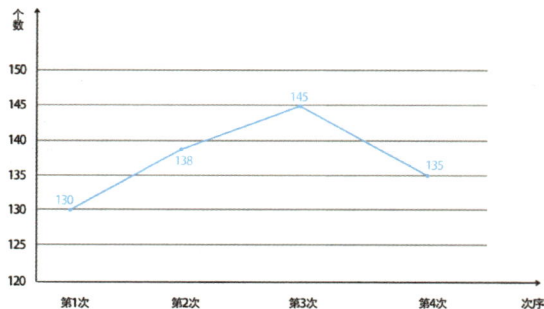

个数

110 115 95 105

120
100
80
60
40
20
0
第1次 第2次 第3次 第4次 次数

跳绳情况统计

个数

141 90 160 85

180
160
140
120
100
80
60
40
20
0
第1次 第2次 第3次 第4次 次序

跳绳情况统计

个数

115 110 120 115

122
120
118
116
114
112
110
108
106
104
第1次 第2次 第3次 第4次 次数

跳绳情况统计

个数

130 138 145 135

150
145
140
135
130
125
120
第1次 第2次 第3次 第4次 次序

数学加油站

折线统计图

用折线的上升或下降，表示数量变化的统计图，就是折线统计图。折线的上升或下降代表数量的增加或减少。

"折线统计图不仅可以反映数量的多少，还可以体现数量的增减趋势，"字母老师说，"大家每次跳绳个数的变化就能体现出来了。"

虽然每个人的跳绳次数变化很清楚，但是大家彼此之间不好比较。受到复式条形统计图的启发，罗辑想到了一个办法。

如果能把 4 个统计图合并就好了。

可以用不同颜色的线来表示不同的人吗?

可以，不过要注意，这 4 个统计图的纵轴可不一样。

27

经字母老师提醒，大家才发现 4 幅统计图原点代表的数字是不同的，有的是 0，还有的是 120 或 104；纵轴上每小段代表的具体数目也不同，它们该怎样合并到一起呢？

这可没有难倒思薇："我看了一下大家每次跳绳的次数，都在 200 以内。要是纵轴上每小段表示 10 次的话，需要画 20 小段，这样纵轴就会变得很长；如果每小段表示 20 次，只需画 10 小段就好了，这样比较合理。"

罗辑受到了启发，他也有一些想法："其实这些数据中，最小的是 85，最大的是 160。如果纵轴数字从 70 或者 80 开始，每段表示 10 次，这样写到 170 就可以了。"两人开始整合各自版本的折线统计图。

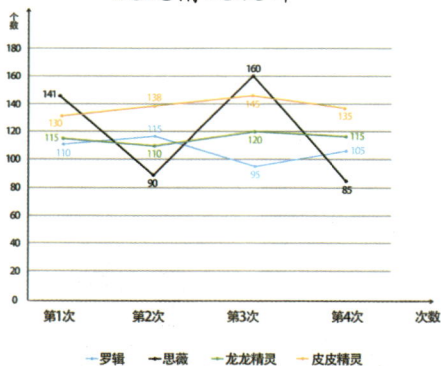

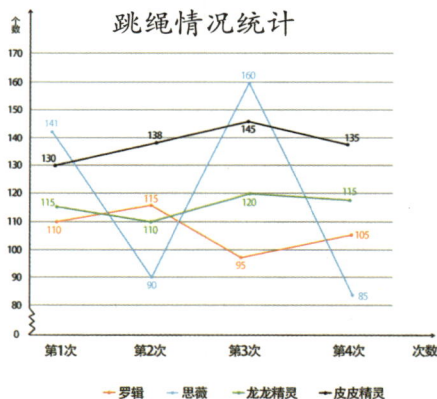

折线统计图也分为单式和复式两种形式。字母老师制作的 4 个统计图都是单式折线统计图。思薇和罗辑在分析数据的过程中，分别做好的这两张统计图，就是复式折线统计图。

"两个统计图不同的地方就是纵轴上的数值，"龙龙精灵指出，"思薇做的统计图里，纵轴上的每小段代表跳绳 20 次，在罗辑的复式折线图中，纵轴上的每小段代表跳绳 10 次。"

有个奇怪的地方引起了大家的注意。原来，罗辑改变了纵轴一部分的形状，他想表示这一段不是单位长度，代表的数值不一样。

在设计统计图的时候要考虑到数值的选取，再用一个单位长度来表示一定的数值。在罗辑的统计图里，0~80 的部分和纵轴其他单位长度代表的数值不同，所以用曲线来表示。

我把纵轴代表 0 ~ 80 的部分压缩了。

对，在这段纵轴里我代表跳绳 80 次。

80

0

"罗辑的统计图折线变化比较明显，"思薇说，"我们就从这张图里看一下怎样选人吧。"

所有人里，单次成绩最好的是思薇，可她的折线变化幅度比较大，说明她的成绩不够稳定。皮皮精灵、龙龙精灵和罗辑的折线就比较平缓，他们的成绩相对比较稳定。皮皮精灵的折线始终在其他人的折线的上方，说明他每一次的成绩都比龙龙精灵和罗辑的好。

条形统计图能够直观反映数量的多少。

折线统计图的点能反映数量的多少，线能够体现增减变化。

我的那条折线先升后降。不过我稍微休息一下就能恢复体力，预计下一跳不会少于 120 次。

我的那条折线升降幅度不大，下一跳即使次数增加，预计也不会增加得太多。

我有 3 次都跳了 110 次左右，所以没有特殊情况发生的话，预计第 5 跳我还是会跳 110 次左右。

我的成绩就不容易预测了……

根据统计图里折线的变化趋势，大家也许能够对自己的情况进行大致的预测。不过正式比赛中，影响成绩的因素太多了。

"没关系，不管谁去参赛，我们都会支持他的！"字母老师为大家打气。

健康管理小达人

实践目的：

结合中国孩子的饮食情况，中国营养学会发布了《中国学龄儿童膳食指南（2022）》，根据平衡膳食的原则，将学龄儿童对营养的需求转化为各类食物的数量和所占比例，并图形化。通过图表对自己的饮食情况进行记录和分析，合理规划饮食。

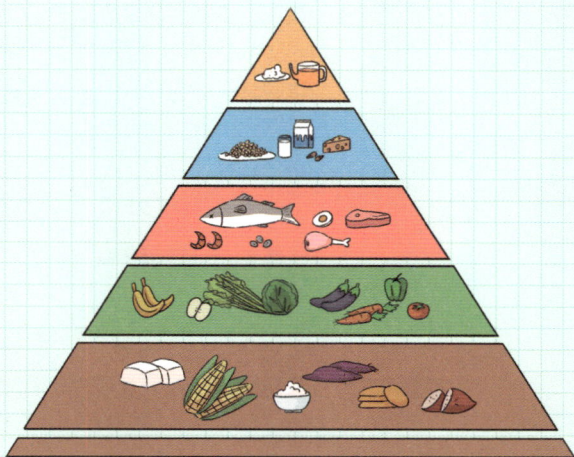

实践步骤：

1. 对自己每天吃的食物进行称重并记录下来，坚持一周的时间。

2. 将记录的数据制作成合适的统计表和统计图。

3. 根据统计表和统计图，并对照膳食宝塔分析自己的饮食情况是否合理。

4. 若饮食情况合理，请继续保持。若有不合理的地方，请根据膳食宝塔对自己的饮食进行调整。

你来试试：

我的发现：

我的总结：

饮食合理，身体才会健康。

有一种统计图在我们的日常生活中也经常出现，那就是扇形统计图。它用圆形表示总量——100%，用圆内过圆心的各个扇形的大小，来表示各部分占总量的百分比。

如果用一个圆形表示我国的陆地总面积，各个扇形代表不同陆地地形面积占陆地总面积的百分比，就可以制作出下面的扇形统计图。

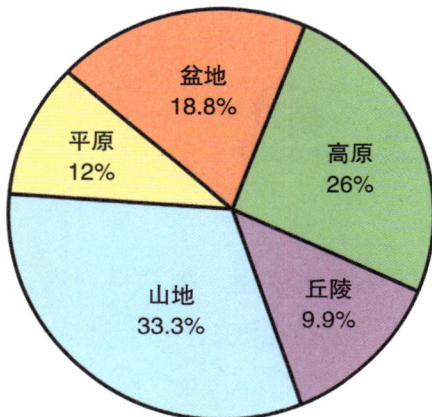

- 盆地 18.8%
- 高原 26%
- 平原 12%
- 山地 33.3%
- 丘陵 9.9%

我国的陆地面积为 960 万平方千米（参见"中华人民共和国中央人民政府官网"）。

平原的面积居然只有约 115.2 万平方千米。

这个统计图像不像我们在游乐园吃的比萨？

与条形统计图和折线统计图不同，我们不能从扇形统计图上直接看出各部分数量的多少和数量的变化趋势。

不过，扇形统计图结合了百分数的相关知识，可以直观反映部分数量占总数的百分比。因此，扇形统计图可以帮助我们清楚了解各部分数量和总量之间的关系。

趣味数学练一练

测量并记录自己的身高和体重，每个月一次，持续 4 个月。将收集到的数据整理好，并制成折线统计图，预测自己下个月的身高和体重。

第四章
身边的可能性

学校要举办一个联欢会，同学们都非常积极地报名参与。有的同学报名唱歌、跳舞，有的同学报名朗诵诗歌、说相声，还有的同学报名演奏乐器……

哇！没想到这么多人争着上台表演。

是呀，表演顺序要怎样确定呢？

根据大家报的节目来看，主要有 6 类节目。

不如把这 6 类节目写在纸上，抽签决定先后顺序？

这个方法不错，可是如果有两个同学报了同类节目呢？

那就用"剪刀、石头、布"猜拳决定谁来表演。

那要是有两个以上的同学报名同类节目呢？

每个人被选中的可能性就变小了。

一提到表演节目和做游戏，大家都很兴奋。思薇按照龙龙精灵的建议，提前做好了卡片。

　　"一共有 6 类节目，每类节目 1 张卡片，每次只抽 1 张，那么每类节目被抽到的可能性都是 $\frac{1}{6}$。"龙龙精灵说。"对。可是现在要表演哪类节目是不确定的。"思薇说。"那怎么确定每类节目都能上台呢？"罗辑担心这种抽签方式会有遗漏。

　　"这好办，"思薇胸有成竹地说，"只要把抽出来的卡片放一边，继续抽剩下的卡片就好了。"虽然不确定下一个被抽到的是什么节目，但可以确定的是，所有节目都会被抽到。

　　"原来如此！"罗辑明白了。这时字母老师过来为大家抽签。随着一张又一张签被抽出，精彩的节目一个又一个接连上演。

　　接下来，字母老师抽到的节目是"唱歌"。打算表演唱歌的同学有两个，所以他们需要用猜拳的方式来确定这一轮谁先表演。

确定性

确定性指在一定条件下，事件的结果是可以预知的，这些事件的结果可以用"一定"或"不可能"来描述。

不确定性

不确定性指在一定条件下，事件的结果不可预知，这些事件的结果就要用"可能"或"应该"来描述。

不管你出什么，你和对方都只能出现获胜、平手和失败这3种情况。所以你们的胜率都只有$\frac{1}{3}$。

猜拳时先出什么胜率最高呢？

剩下的卡片越来越少。

跳舞、相声、唱歌、小品、乐器演奏……5 个节目过去了，现在只剩下最后一张卡片了。"这回一定是诗朗诵了！"思薇非常确定。果不其然，当其他节目的卡片都被抽走后，这次字母老师抽到的一定是诗朗诵，绝对不可能是其他节目。

数学加油站

可能性的大小

事件发生的可能性有大有小，可能性的大小与数量和条件有关。在总数中占比越大或条件越有利，可能性就越大；相反，占比越小或条件越不利，可能性就越小。

第一轮表演结束后，字母老师也参与进来，她给大家出了个字谜游戏：这个字比"日"字多一笔。

"日"字加一笔，符合条件的字太多了。思薇迅速写出了 4 个字："田""甲""由""白"；罗辑写的是"申""电""旦""旧"。字母老师加了一个条件：这一笔要加在"日"字的正中间，并且在"日"字里边。

再给我们一条提示吧！

可以排除"白""旧""旦"这几个字。

还剩下五个字呢，到底是哪一个？

好吧！这一笔不仅在"日"字的正中间，而且在"日"字里边，没有出头。

　　如此一来，就只有"田"字符合条件了。字母老师一边擦掉黑板上的字，一边说："每增加一个条件，限制就会变多，不确定性就减少。当所有的不确定性都消除掉后，答案就呼之欲出了。"

果盘里的可能性

实践目的：

　　准备 3 种水果，如苹果、香蕉和葡萄，做不一样的水果拼盘。在动手实践中体会事件发生的可能性，以及可能性的产生都是由什么决定的。

实践步骤：

1. 请爸爸妈妈将水果切好，准备好放水果的盘子。
2. 将这 3 种水果装盘，统计一共有几种装法。
3. 选择 1 种水果，判断并记录在每种装盘法里吃到它的可能性。

你来试试：

果盘类别	果盘样式	吃到苹果的可能性	吃到香蕉的可能性	吃到葡萄的可能性
1 种水果 / 盘	苹果			
	香蕉			
	葡萄			
2 种水果 / 盘	苹果 + 香蕉			
	香蕉 + 葡萄			
	苹果 + 葡萄			
3 种水果 / 盘	苹果 + 香蕉 + 葡萄			

我的发现：

我的总结：

可能性思维在抽屉原理、排列组合中也会用到。

在日常生活中，你一定听到过类似的话："我一定会记得戴红领巾""我肯定不吃坏掉的水果""明天我可能有事""也许我会借给你"等。"一定""肯定"表示说话的人觉得事情一定会发生或者一定不会发生，前者是必然事件，后者是不可能事件。两者统称确定事件。而当出现"可能""也许"这类词语时，则说明说话的人不确定事情能否发生，这类事情被称为不确定事件。

粟子，还给我！

举个例子。
必然事件：爸爸妈妈的年龄一定比他们的孩子大。
不确定事件：明天可能下雨。
不可能事件：太阳从西边升起。

可能性随着环境或条件的变化而变化，所以可能性可大可小。当环境和条件有利于事件发生时，可能性就变大，反之则变小。

概率是表示事件发生的可能性大小的数。概率和可能性有一定关系，概率的值越接近1，事件发生的可能性就越大。概率的值越接近0，事件发生的可能性就越小。

罗辑从纸牌里拿出从牌面为 1 到 10 的 10 张牌。他请同学从中任意抽出 1 张。你能算出抽出的牌牌面是质数的概率吗？

为什么让我参与这个节目啊！

答：40%。

加油吧数学

④比与比例

姚　峰　辛向东　主编

郭思彤　绘

北京科学技术出版社

100层童书馆

丛书编委会

顾　问
熊保林（数学博士、北京大学附属中学高级教师）

主　编
姚峰　辛向东（北京可持续发展教育协会互联网＋跨学科专业委员会）

编　写
陈素琴　罗明　李博　王宇　马蕴杰　潘晶　宋禹迪　杨胜男

绘　图
郭思彤

图书在版编目（CIP）数据

加油吧数学. 比与比例 / 姚峰, 辛向东主编；郭思彤绘. — 北京：北京科学技术出版社, 2024.3
　　ISBN 978-7-5714-3235-5

　　Ⅰ. ①加…　Ⅱ. ①姚…②辛…③郭…　Ⅲ. ①小学数学课—教学参考资料
Ⅳ. ①G624.503

　　中国国家版本馆CIP数据核字(2023)第176593号

策划编辑： 黄　莺
责任编辑： 郑宇芳
封面设计： 沈学成
图文制作： 旅教文化
营销编辑： 赵倩倩
责任印制： 吕　越
出 版 人： 曾庆宇
出版发行： 北京科学技术出版社
社　　址： 北京西直门南大街 16 号
邮政编码： 100035
电　　话： 0086-10-66135495（总编室）
　　　　　　0086-10-66113227（发行部）
网　　址： www.bkydw.cn
印　　刷： 北京博海升彩色印刷有限公司
开　　本： 710 mm×1000 mm　1/16
字　　数： 45 千字
印　　张： 2.75
版　　次： 2024 年 3 月第 1 版
印　　次： 2024 年 3 月第 1 次印刷
ISBN 978-7-5714-3235-5

定　　价：200.00 元（全 7 册）

我是**精灵爷爷**。
我有办法让数学学习变简单。

我是**龙龙精灵**。
我擅长数学计算。

我是**皮皮精灵**。
我最喜欢帮助大家，虽然有时会帮倒忙。

我是**罗辑**。
我喜欢数学。

我是**思薇**。
我热爱思考。

我是**字母老师**。
我是罗辑和思薇的老师。

我是**推理大师**。
我喜欢玩数学游戏。

比 例 教 室

目　录

1

地球上的淡水资源和
总水量的比是3∶100。
3∶100是什么意思呢？
我好像在哪儿看到过这样的式子。
上次班级演出前，字母老师统计班里男女生人数的时候提到过。
对，好像是说男生和女生的人数之间的比是多少。

第一章
比的妙用

作业题目中提到了配比……
我看很多食谱上都写了配料比，但我不太明白比的意思。

对早已学过除法的你们，这个问题一点儿也不难。
比到底是什么呢？
真的不难吗？

为什么精灵爷爷说学过除法就不难理解比是什么了呢？其实，比是除法的另一种表现形式。除法是一种运算，而比则是表示除法里的两个数量之间的关系。从书写来看，除法是被除数 ÷ 除数，比就是把"÷"换成了"："。例如 6÷5 是除法运算，6：5 是数量关系。

数学加油站

比

两个数相除又叫作两个数的比。比是指两个数之间的倍数关系，即一个数是另一个数的几倍或者几分之几。"："叫比号，它前面的数是比的前项，后面的数是比的后项。比的前项可为 0，后项不可以为 0。比的前项除以后项得到的数是比值。

$$6 \div 5 = 1.2$$

被除数　除号　除数　　商

这是除法算式。

这是比。

$$6 : 5 = 1.2 \ 或 \ \frac{6}{5}$$

前项　比号　后项　　比值

"这是制作可可牛奶的配方。"思薇从书里拿出了一张纸，那上面记着制作可可牛奶需要的材料和它们的配比。

可可牛奶配方

材料：可可粉、纯牛奶、白砂糖（根据个人口味添加）。

配比：可可粉：纯牛奶为 1：25

喜欢喝热的，可以按比例混合食材，搅拌均匀后放入微波炉加热 40 秒。喜欢喝凉的，按比例混合食材，搅拌均匀后加入冰块。

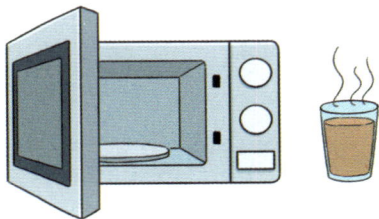

"知道了制作可可牛奶的材料和材料重量的比，怎么确定要放多少可可粉和纯牛奶呢？"罗辑看着食谱问道，"精灵爷爷，您能教教我们吗？""这就得从比的性质说起了。"精灵爷爷耐心地讲解了起来。

在配料表里，我们可以看到可可粉和纯牛奶的重量的比是 1：25。这个比的前项和后项都是整数，且只有公因数 1（互为质数）。这样的比，就叫作最简整数比。

如果比的前项和后项中有分数、小数，或者前项和后项除了 1 以外，还有别的公因数，那么，需要利用比的基本性质，将两个数的比变成最简整数比。这个过程，称为比的化简。如 6:4，同时除以最大公因数 2，得到最简比 3:2。

罗辑 VS 思薇

24 : 28

这可不是比，这是计分形式，代表两个人之间的分数差，不是商。

快看，记分牌上也有比。

比的基本性质

比的前项和后项同时乘或除以相同的数（除 0 以外）的时候，比值不变。

从可可牛奶的配方里，罗辑和思薇知道了可可粉和牛奶的比，也明白了比代表的是一种倍数关系。这样，他们就可以运用比的基本性质，同时乘以一个合适的数，得到符合要求的数值。比如一般情况下，一杯牛奶是 250 克，那么调配一杯可可牛奶需要的可可粉就是 10 克。

$$1:25=10:250$$

罗辑跑向冰箱，去找制作可可牛奶需要的原材料。

真期待！

罗辑看了看手里的牛奶盒子，发现上面标注的净含量是 500 克。用 500 克牛奶做一杯可可牛奶，是不是有点儿多？罗辑转念一想，多做几杯，让大家都尝尝自己的成果也不错。现在需要根据杯数，算出要准备多少材料。

刚才已经知道了，一杯可可牛奶需要用到 250 克纯牛奶，10 克可可粉。

"精灵爷爷、皮皮精灵和龙龙精灵和我们俩，"罗辑清点了下人数说，"我们一共要做 5 杯。"

"得增加可可粉和纯牛奶的用量，"思薇算了起来，"比号两边需要同时乘以 5。"

$$10:250=50:1250$$

做 5 杯可可牛奶，需要 50 克可可粉和 1250 克纯牛奶。

> 精灵爷爷，我算对了吗？

> 对了！

从刚才起，罗辑一直有一个疑问。这会儿，他忍不住问了出来："用等号连接两个比值相等的比，就是等式了。那它……"

> 鄙视？这个名字不好。

> 不会是叫比式吧。

"当然不是。"精灵爷爷笑了起来。不过，罗辑能察觉到这个细节，还是很令精灵爷爷感到欣慰的。

比例

表示两个比相等的式子叫比例。比例里的四个数是比例的项。靠近等号的两个项叫内项，最外端的两个项叫外项。

内项

$$10 : 250 = 50 : 1250$$

外项

比例的基本性质

比例里两个内项的积等于两个外项的积。

$$250 \times 50 = 10 \times 1250$$

"比例是等式，所以只要知道了比例中的任何三个项，就能算出未知的那一个项，"精灵爷爷解释道，"这个过程就叫解比例。"

已经了解了比和比例的罗辑和思薇，终于可以按照配方来制作可可牛奶了。

开动脑筋，来解一个比例吧！ $4:5=8:x$，你能算出 x 是多少吗？

我知道，是 10。

对啦，很厉害！

用生活中的比作画

测量桌子、椅子、黑板……了解生活物品中隐藏着的"比"。

实践目的：

认识比，理解如何运用比的基本性质进行计算。

实践步骤：

1. 选择想要测量的物品，书本、笔盒等
2. 测量它们的长、宽、高等，将这些数据用比的形式写出来。
3. 利用比的基本性质，并结合画纸尺寸，画出物品的平面图。

你来试试：

物品	测量数据	比

我的发现：

我的总结：

数学知识运用在平面设计中，会产生艺术效果。

在数学中，比和比例都是非常重要的概念。同时，不管是在建筑领域、艺术领域，还是在日常生活中，比和比例与我们每个人都有密切的关系。

分配物资、时间、人力等是我们在生活中经常遇到的情况。通常，平均分配并不是最佳的方式，而根据实际需要，按合理的比例来进行分配，才能做到资源利用最优化。大到配置火箭推进器里的燃料和治病救命的药品，小到做出好喝的饮料和可口的食物，都是如此。

在中国古代数学名著《九章算术》中记载的"粟米之法"，就是当时世界上比较先进的比例算法。在国外，公元 3 世纪时，欧几里得也对比做了系统的讲述。很难说到底是谁先发现了比和比例的存在。但可以确定的是，比和比例是经过人们不断探索和研究而产生的智慧结晶。

比和比例究竟是谁先发现的？

这不重要，重要的是它源于生活，用于生活。

现在，我们已经了解了一些关于比的知识，来看看有多少方法可以解答下面这个问题：一家文具店买了 500 支笔，钢笔、圆珠笔和铅

笔的数量比是 2：3：5。那么钢笔、圆珠笔和铅笔分别有多少支呢？

方法一：归一法。从三种笔的数量比来看，钢笔、圆珠笔和铅笔分别在总份数中占 2 份、3 份、5 份。也就是说总份数是 2+3+5=10（份），每一份数量是 500÷10=50（支）。所以钢笔是 2×50=100（支）。圆珠笔是 3×50=150（支）。铅笔是 5×50=250（支）。

方法二：转化法。把通过比来分配的问题转化成分数应用题。按照 2：3：5 的比来分配笔，可知，钢笔占总数的 $\frac{2}{10}$，也就是 $\frac{1}{5}$，圆珠笔占总数的 $\frac{3}{10}$，铅笔占总数的 $\frac{5}{10}$，也就是 $\frac{1}{2}$。所以，我们的题目就转化成求 500 的几分之几是多少，也就是用分数乘法来解决问题：钢笔为 $500 \times \frac{1}{5} = 100$（支），圆珠笔为 $500 \times \frac{3}{10} = 150$（支），铅笔为 $500 \times \frac{1}{2} = 250$（支）。

趣味数学练一练

罗辑和思薇打算做一个蛋糕，面粉和牛奶用量的比是 3：2。现在，他们需要用掉 500 克牛奶，你知道他们需要多少克面粉吗？

答：750 克。

第二章
正比例与反比例

在文具店里，罗辑发现了一个有意思的规律：买 1 支铅笔需要 0.5 元，2 支铅笔需要 1 元，3 支铅笔需要 1.5 元……10 支铅笔就需要 5 元。也就是说铅笔的总价随着铅笔数量的增加而增加。

罗辑把这个发现告诉了精灵爷爷："在单价没有变化的情况下，我购买的铅笔的数量和总价钱总是在发生变化，数量越多，总价就越高。这两个数量之间的关系，在数学上被称为什么呢？"

数量（支）	1	2	3	4	5	6	……
总价（元）	0.5	1	1.5	2	2.5	3	……

精灵爷爷说："就像你刚刚说的，铅笔的单价是不变的，总价会随着你购买铅笔数量的增加而增加，数量和总价之间的关系叫作正比例关系。"

数学加油站

正比例

两种相互关联的量，当其中一种量发生变化时，另一种量也会随之发生变化，而且这两种量中相对应的两个数的比值是不变的，它们之间的关系就是正比例关系。

精灵爷爷问罗辑："有了正比例，自然也有反比例。罗辑你知道什么是反比例吗？"

今天可以慢慢走了。

罗辑想了想说："反比例，从字面上看，应该和正比例相反……我想到一个例子——推理大师每天走路上班。他走路速度快的时候，他到学校用的时间就短。相反，他走路速度慢的时候，他到学校用的时间就长。"

精灵爷爷欣慰地说："罗辑你快出师了呀！"

数学加油站

反比例

两种相互关联的量，当其中一种量发生变化时，另一种量也会随之发生变化，而且这两种量中相对应的两个数相乘的积是不变的。那么，这两种量之间的关系叫作反比例关系。

我们了解了正比例后，就能很容易地理解反比例。

当路程是固定值的时候，速度和时间成反比例。

罗辑又想到一个问题："那我们怎么判断一种数量关系是否是成比

例关系呢？"思薇也若有所思地看向精灵爷爷。

精灵爷爷说："那我来问你们一个问题吧。你们觉得长方形的长和宽成比例吗？如果成比例，是成正比例还是成反比例？"

如果长方形的面积是固定值，长方形面积 = 长 × 宽。假定它的面积是 16 平方厘米，那么我们可以列出一些可能的长宽比，我们会发现长宽是成反比例的。

长（厘米）	1	2	4
宽（厘米）	16	8	2

但是，因为长方形周长 ÷2= 长 + 宽，长方形的长与宽的和是固定值。而判断两个关联的量是否成比例，成哪种比例，是要看这两个量对应的数的比值是固定值，还是乘积是固定值，所以此处的长和宽不成比例，既不成正比例也不成反比例。

再例如，当行走速度不变时，路程和时间成正比例。假设我们的行走速度是 5 千米 / 时。那么我们走 5 千米和 10 千米所用的时间就会呈现倍数关系。

路程（千米）	5	10	15	20
时间（小时）	1	2	3	4

找一找生活中正比例和反比例的例子吧！

好！

计算煤矿开采天数

如果将地球上的煤矿资源的总量看作是不变的，那么人们每天开采一吨煤，总量就减少一吨。所以每天开采煤矿的数量和可开采的天数之间就成反比例关系。也就是说每天开采的煤矿数量（x）乘以可开采的天数（y）＝煤矿总量（k）。

对中国的煤矿总储存量进行调研，看看到目前为止，我国的煤矿储存量是多少？每天的开采量是多少？

实践目的：

认识反比例的量，了解它们之间的变化关系。

实践步骤：

1. 查出到目前为止，中国的煤矿储存量和每天的开采量。
2. 计算出可开采天数。

你来试试：

我的发现：

我的总结：

有些相互关联的量，
一个量也会随着另一个量变化，
但它们却不一定成正比例
或反比例。

在了解正比例和反比例的过程中，我们不难发现正比例和反比例有很多相同和不同的地方。

正比例和反比例有三个相同的地方。一，正比例和反比例关系中都有两个变量和一个常量。二，当两个变量中的一个发生变化时，另一个变量也会随之发生变化。三，相对应的两个变量的比值或积是固定不变的。

思薇说道："我知道它们的不同之处，正比例中对应的两个数比值一定。反比例中对应的两个数的乘积一定。"

罗辑也接着说："我也想到了一点！成正比例或反比例的两个量的变化趋势不同。成正比例的两个量的变化趋势一致，一个变量增大或缩小，另一个变量也增大或缩小。成反比例的两个量的变化趋势相反，一个变量增大或缩小，另一个变量则缩小或增大。"

把某种东西按一定的比分配成几部分，叫作按比例分配。

这你都知道了！

罗辑很厉害啊！

这是罗辑记录的一辆汽车在公路上行驶的数据。行驶的时间和路程记录如下表。

时间（时）	1	2	3	4	5	6	……
路程（千米）	80	160	240	320	400	480	……

（1）表中有哪两个变量？

（2）你认为它们是相关联的量吗？为什么？

（3）路程和时间是怎么变化的？

（4）此处的路程和时间成比例吗？成什么比例？

答：
（1）时间和路程。
（2）是相关联的量，因为路程随着时间的变化而变化。
（3）路程随着时间的增加而增加，速度 = 路程 ÷ 时间。
（4）成比例，成正比例。

第三章
比例尺的应用

今天是学校的外出日，字母老师带着同学们一起乘坐地铁去参观古生物博物馆。字母老师把查乘车路线和预估乘车时间的任务，交给了罗辑……

罗辑，要好好完成任务呦！

精灵爷爷，地铁线路图上面的 1:400000 是什么意思？如果我想知道某条地铁线的总长度，应该怎么计算？

这是绘制地图或者线路图常会用到的数学概念——比例尺。了解了它，你的疑问就能解决了。

比例尺 1:400000

真厉害，一幅图囊括整个地铁网。

地铁线路图是怎样绘制的？

26

精灵爷爷滔滔不绝地说："比例尺在我们生活中的应用非常广泛。我们最常接触到的就是地图中的比例尺。如果我们要绘制一幅地图，就必须将实际距离按照合适的比例尺缩小再画出来，否则地图就太大了。这种比例尺是缩小比例尺，便于在一定大小的纸面上，显示更广阔的地域。

数学加油站

比例尺

比例尺就是图上一条线段的长度和与之相对应的实际长度的比。比例尺按表现形式分为数值比例尺、线段比例尺和文字比例尺。

我们最常见的是数值比例尺。罗辑提到的在地铁线路图上看到的 1：400000 就是数值比例尺。如果 1 代表 1 厘米，那么地图上的 1 厘米相当于实际地面上的 400000 厘米，也就是 4 千米。"

线段比例尺就是在一条线段上标出数字，表明其对应的实际距离。一般来说，如果图上的线段比例尺是这样表示的：0　50 km 。这说明在图上，这条线段的长度代表的实际长度是 50 千米。

文字比例尺，显而易见，就是用文字直接写出 1 厘米代表实际距离是多少，如：图上 1 厘米代表实际距离 4 千米。

罗辑问："如果把数值比例尺转化为线段比例尺，应该怎么做呢？"精灵爷爷解释说："假设数值比例尺为 1：400000，那就说明图上的 1 厘米代表的实际距离是 400000 厘米，也就是 4 千米。"

用线段比例尺表示就是：0　4 km 。

用文字比例尺表示就是：图上 1 厘米代表实际距离 4 千米。

我更喜欢文字比例尺。

我觉得线段比例尺更清晰。

思薇也提出了自己的疑问："如果我们想计算地铁两站之间的实际距离，要怎么做呢？"

精灵爷爷耐心地解答："我们要先知道地铁两站之间在图上的距离，我们可以用这个公式来进行计算，实际距离 = 图上距离 ÷ 比例尺。"

我们可以先用刻度尺量出地图上地铁两站之间的距离，这个距离是 6 厘米。而地铁线路图的比例尺是 1∶400000。那我们可以这样计算：假设两站之间的实际距离是 x，根据图上距离∶实际距离 = 1∶400000，所以图上距离 6 厘米与实际距离 x 的比等于 1∶400000，然后根据比例的基本性质解比例，最后可以算出两站间的实际距离大约是 240 万厘米，也就是 24 千米。

精灵爷爷补充说："比是一种特殊的除法关系，比例尺也是。因此，从比例尺 = 图上距离∶实际距离可以得知这三个数量的另外两个关系是，实际距离 = 图上距离 ÷ 比例尺；图上距离 = 实际距离 × 比例尺。"

比例尺是比，不是比值。

对，了解比例尺三种量之间的关系，有助于我们运用比例尺计算其中一个数量。

运用这三个关系式来解答思薇的问题，分别是：

比例尺 = 图上距离：实际距离

设：两站之间的实际距离是 x 厘米。

$$6 : x = 1 : 400000$$
$$x = 6 \times 400000$$
$$x = 2400000$$

2400000 厘米 =24 千米

答：两站的实际长度大约是 24 千米。

实际距离 = 图上距离 ÷ 比例尺

设：两站之间的实际距离是 x 厘米。

$$\frac{1}{400000}x = 6$$
$$x = 6 \times 400000$$
$$x = 2400000$$

2400000 厘米 =24 千米

答：两站的实际长度大约是 24 千米。

图上距离 = 实际距离 × 比例尺

设：两站之间的实际距离是 x 厘米。

$$x = 6 \div \frac{1}{400000}$$
$$x = 2400000$$

2400000 厘米 =24 千米

答：两站之间的实际距离是 24 千米。

罗辑开心地说："没想到有这么多不同的解法。比例尺真好用！"

精灵爷爷点了点头，说："其实除了绘制地图外，还有很多地方也用到了比例尺，比如绘制建筑图纸、飞机模型图纸、精密零件图纸等。"

用比例尺计算城市距离

在中国地图上找一个自己喜欢的城市，看一看地图上的比例尺，算一算从你所在城市到你选择的城市之间的直线距离。

实践目的：

认识比例尺，学会如何使用比例尺计算实际距离。

实践步骤：

1. 选择一个城市。

2. 用刻度尺测量地图上你所在的城市到你选择的城市之间的直线距离。

3. 根据地图上的比例尺，计算你所在城市和选择的城市之间的实际直线距离。

你来试试：

我的发现：

我的总结：

别忘记单位
换算呦！

31

　　我们常接触的比例尺大多是缩小比例尺，比如地图上的比例尺、公交线路图上的比例尺。但也有放大比例尺。顾名思义，放大比例尺就是图上的距离比实际距离大，或者图上的物体比实际物体大。在放大比例尺中，后项为1，放大比例尺一般用于设计图纸等。比如一块手表的设计图纸，上面绘制的各种零件就比实际的大。

好！

罗辑、思薇，你们可以找找看，在日常生活中还有哪些地方用到了放大比例尺？哪种比例尺用得多呢？

趣味数学练一练

　　罗辑发现一张精密零件图纸中用到了放大比例尺。精密零件图纸的比例尺是 8:1，图上的零件高 4 厘米。这个零件的实际高度是多少厘米？

答：零件的实际高度是 0.5 厘米。

第四章
黄金比例

字母老师和推理大师组织同学们去看摄影展。同学们都兴奋不已……

同学们，你们知道黄金比例是什么吗？

黄金比例在生活中有很多应用，但这个比例是怎样计算出来的？为什么叫黄金比例呢？我就不知道了。精灵爷爷快来帮帮我们！

等等我们！

我来啦！

精灵爷爷讲解道："人类对黄金分割比的认识非常早。早在古埃及时期，人类就已经使用黄金分割比来建造建筑了，比如古埃及的胡夫金字塔，它的地面边长和塔高比值接近 0.618，它们的比就是黄金分割比。到了近代，无论是埃菲尔铁塔还是巴黎圣母院，你都能根据它们的数据算出这个比值。

"在自然界和我们的生活中，符合黄金分割比的物体不在少数。特别是在自然界中，在很多动物和植物身上，都能看见黄金分割比的影子，小到蜗牛壳、向日葵、松果，大到海洋里的海浪、漩涡，以及宇宙中的星系。我们如果仔细观察向日葵，就会发现它有一条从中心向外延伸的螺旋形曲线。对此进行计算，就会得到黄金分割比的比值，即 0.618。"

自然界中的黄金分割比

精灵爷爷接着说："在现代，汽车工程师们利用黄金分割比，对汽车进行设计，这样设计出的车身外形非常美观。"

黄金分割比

现在，我们一般认为黄金分割比是在公元前6世纪左右，由毕达哥拉斯发现的。毕达哥拉斯在极其有限的条件下，推导出了一个结论：把一条线段分成两段，如果较长线段与整条线段的比等于较短线段与较长线段的比，它们的比值接近0.618时，就会给人一种美感。这个分割点是黄金分割点。后来，欧几里得在他的《几何原本》里对黄金分割进行了详细论述，他把0.618叫作黄金数。黄金分割比0.618∶1也被古希腊著名哲学家柏拉图称作黄金分割律。黄金分割比，虽然是数学概念，但依据它的比值创作的事物具有极高的审美价值，因此被人们广泛应用于绘画、建筑、音乐等领域。

罗辑不解地问："汽车在设计时是如何运用黄金分割比的呢？"

精灵爷爷说："你看这个图就明白了。图中线条 $AC∶BC=BC∶AB$，图中 C 点就是黄金分割点。而黄金分割被运用在汽车设计中，通常是指轴距与车身长度之比为 1∶1.618。"

听精灵爷爷讲了这么多，罗辑总算明白了。

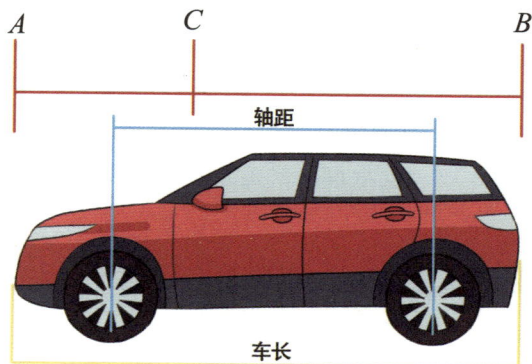

A   C   B

轴距

车长

黄金分割比在生活中的应用

中国的东方明珠电视塔、法国的埃菲尔铁塔等，都是按照黄金分割比建造的。

哇，太漂亮了！

实践目的：

认识黄金分割比，体会数学之美。

实践步骤：

1. 上网查询东方明珠电视塔或埃菲尔铁塔的相关建筑数据。

2. 通过计算，验证黄金分割比在该建筑上的应用。

你来试试：

我的发现：

我的总结：

达·芬奇的许多作品中都隐藏着黄金分割比。

我们的生活里还有很多地方都用到了黄金分割比。在摄影构图过程中，我们要是能找到黄金分割点，整张照片就会给人以美感。比如在下面这张图中，交叉的点就是黄金分割点。线条就是黄金分割线。摄影师一般会把主要呈现的对象放在黄金分割线或黄金分割点附近。

太神奇了。了解了黄金分割比的应用后，我真正体会到了它的魅力，也明白了无数科学家和艺术家为数学着迷的原因。

人体存在着多个黄金分割点，肚脐是其中之一。当人的上半身（头顶到肚脐以上）和下半身（肚脐以下到脚底）的长度比为 0.618：1 时，人体的比例看起来就很美观。

字母老师身高 165 厘米，她上半身长 65 厘米，下半身长 100 厘米，请问她选鞋跟多少厘米的鞋，能让她的身体比例看起来更美观？

请帮我选一双鞋跟高度适合我的鞋吧！